# 奋斗

高岸起　著

科学出版社

北京

# 内 容 简 介

奋斗决定人的一生，奋斗给人提供了经受考验的可能性。本书通过对奋斗是什么、奋斗为什么、奋斗办什么、奋斗史是什么、马克思主义经典作家奋斗观是什么的分析，历史和逻辑地展现了奋斗观发端、演变、成熟和发展的理论轨迹，客观公正而又简洁明晰地评价了奋斗观所建树的理论业绩。这对于人们理解奋斗观的实质是极为重要的。

本书适合需要了解奋斗概念的一般读者阅读。

**图书在版编目（CIP）数据**

奋斗 / 高岸起著. —北京：科学出版社，2022.12
ISBN 978-7-03-074083-0

Ⅰ. ①奋… Ⅱ. ①高… Ⅲ. ①马克思主义哲学–研究 Ⅳ. ①B0-0

中国版本图书馆CIP数据核字（2022）第233744号

责任编辑：李春伶 / 责任校对：王晓茜
责任印制：张 伟 / 封面设计：黄华斌

科学出版社出版
北京东黄城根北街16号
邮政编码：100717
http:// www.sciencep.com
北京建宏印刷有限公司 印刷
科学出版社发行 各地新华书店经销
*
2022年12月第 一 版 开本：850×1168 1/32
2024年 1 月第二次印刷 印张：10 1/8
字数：199 000

**定价：98.00 元**
（如有印装质量问题，我社负责调换）

# 目　　录

# 导论　奋斗与指向

奋斗是促进人类社会发展的重要手段。奋斗在人类历史上起着促进作用，能够促进人类社会各方面的发展。如果没有奋斗，人们简直无法想象，人类社会会是什么样子。奋斗的光辉成就带来了人类的幸福和世界的繁荣。这一点谁也否定不了。人类的一切奋斗都直接地或间接地同指向密不可分。奋斗决定着人类生存和发展的前途。人类只有奋斗，才能顺利地生存和发展下去。人们应该足够明智，应该足够勇敢，来面对奋斗的现实。不面对、不承认是不行的。回避是没有出路的。在奋斗中，人类的指向是能够表现出来的。因此，奋斗代表着人类社会发展的未来。奋斗是非常必要的。奋斗不仅是明智应时之举，而且是明智应史之举，还是明智应世之举。奋斗对促进人类的发展以及人类社会的发展，都起着决定性的作用。

人是要懂得奋斗的真理的。人只有奋斗，才能够具有生命力。人的完美永远只在奋斗的情况下才是有可能的。奋斗是能够帮助人的。人在奋斗的时候，是多么幸福啊！奋斗通常是要塑造人的形象的。奋斗能够使人具有完真、完善、完美的庄严。人在奋斗的时候是能够理解一切生活的真理和意义的。奋斗只要与人在一起，就能够在人的身上不停地产生塑造和继续塑造的影响。只有借助奋斗，人的形象才在人世间变得可以理解。奋斗是永远有现实意义的。奋斗对人是能够起积极作用的。奋斗对人是有深远影响的。奋斗对后来人的发展具有重大影响。唯有奋斗，日子才好过。人的生命正是在艰苦卓绝的奋斗中升华的。人必须经历奋斗的历程。奋斗能够给人增添一股独特的生机。

奋斗能够把人的指向展示出来。奋斗是有目的的。一个人的奋斗是共性和个性的结合。一个人为了奋斗，认识自己是必要的。只有将奋斗应用到人身上才有意义。奋斗能够让世界大变样。人的未来，很大程度将取决于人的奋斗这个支点。奋斗会给人带来幸福。奋斗的能力是人类独一无二的特征。人们不仅受过去驱动，而且被未来召唤。奋斗能够留住人的时刻。人的奋斗是有目的的。人的奋斗不仅能够造就人自身，而且能够帮助别人。人在奋斗中是有所作为的，人的奋斗的生活是具有意义的。

奋斗是寻找方向。奋斗之后，才会寻找方向。人能够选择达观地奋斗。奋斗能够指引人朝着正确的方向行进。奋斗中的人需要正确的方向。人在奋斗中能够找到自己的方向。奋斗能够给人带来美好的未来和无限的可能性。奋斗是累积壮大自己的力量。人的成就源于人的不断奋斗。人的奋斗的目标是人前进的动力。人只有通过奋斗，才能达到自己的目标。能够持续的奋斗才是真正的奋斗。

奋斗与人的日常生活息息相关。人在奋斗中才能够领略奋斗蕴含的深刻道理。不奋斗，就不能领悟奋斗的道理。人是因奋斗而存在，并且通过对奋斗的领悟而存在的，所以对奋斗的领悟就决定了人的存在方式。人的奋斗既是人自己造成的，也是人的选择。人的奋斗能够改变人的存在局面，对人的生存和发展能够起到积极的推动作用。人的奋斗能够为人提供方向。人的奋斗能够极大地影响人的生存之路和发展之路。人的奋斗是有持久的价值的。人的奋斗能够伴随人的一生。只要人奋斗着，人就为人自身谋划着奋斗的可能性。

奋斗是一种真诚自愿的付出行为，是一种纯洁高尚的精神境界。无论时代发生怎样的变化，奋斗精神永远熠熠生辉，光耀人间，是永远鼓舞和激励人们奋发向上的巨大力量。奋斗的表现方式是丰富多彩的，但不论表现方式有多么不同，奋斗精神都是永恒的，也永远为人们所景仰。人类历史上，那些杰出的思想家、科学家、政治家、文学艺术家，以他们自己的创造，作出了巨大奋斗，极大地推动了人类文明和社会进步。他们理所当然地受到世世代代人们的崇敬。现实生活中，那些在平凡岗位上诚实劳动、合法经营、敬业爱岗、默默奋斗的人，同样受到人们的尊敬。而不论在历史上还是在现实中，那些损害国家和民族的利益，不讲奋斗的人，都为人们所鄙视。

奋斗既是一种高尚的情操，也是一种平凡的精神；既包含着崇高的境界，也蕴含着不同的层次。奋斗既表现为在国家和人民需要的关键时刻挺身而出，慷慨赴义，也融入和渗透在人们日常的工作和生活中。可以说，奋斗无所不在，无时不有。每个人不论职位高低，不论在什么岗位，都能够尽自己的所能而奋斗。奋斗不是痛苦，不是丧失，不是剥夺，而是爱心的流露、善意的升华、美德的弘扬。奋斗使人充实，使人快乐，使人高尚。奋斗就在人间，就在身边。人们在奋斗中生活，在生活中奋斗。

奋斗既是作为一个合格人的基本品质，是人的全面发展的内在要求，是完善个性的重要内容，也是实现人的全面发展的重要途径。完善的个性内含奋斗，奋斗实践完善着个性。人奋斗得越多，人的精神越充实，个性也就越完善。人们应该看到，倡导奋斗精神与鼓励个性的发展完善是协调一致的。实践证明，个体在社会活动中的积极性、主动性、创造性发挥的程度，与经济发展、社会进步的程度是成正比的。个性丰富完美的人越多，就越具有积极性、主动性、创造性，越具有活力，经济和社会发展的速度就越快。

奋斗，大量的、经常的是岗位奋斗。每个人，不论分工如何、能力大小，都能够在本职岗位，通过不同的形式为国家和人民而奋斗。敬业是奋斗的基础，乐业是奋斗的前提，勤业是奋斗的根本。对绝大多数人来说，奋斗是日复一日、年复一年的岗位敬业奋斗。在本职岗位上，是否具有奋斗精神影响工作成效的大小。人们在本职岗位上，都要拥有高度的责任心和事业心，忠于职守，尽职尽责，干一行，爱一行，争一流，创一流。要大力鼓励人们在实际工作中、在平凡的岗位上做出不平凡的业绩。人们不要轻看了自己的奋斗，人们应该从自己的奋斗做起。

弘扬奋斗精神，必须摒弃形式主义。奋斗需要一定的形式，也需要开展一些活动。奋斗通过一定的形式体现出来，奋斗精神的弘扬也在创造着具有时代特色的新形式。但如果只重形式，不重内容；只图热闹，不看实效；只求虚名，不做实事，那就是形式主义。

弘扬奋斗精神，形成一个良好的社会环境，需要人人参与，需要经过长期的多方面的努力。对个人而言，人们都应该经常想一想，自己能为他人和社会奋斗什么，而不是从他人和社会得到什么。对社会而言，一定要给奋斗者更多的尊重、爱护、荣誉和报偿，绝不能让奋斗者流汗流血再流泪。对那些损人利己、自私自利的丑恶行为，要给予充分的揭露和谴责。扶正祛邪，扬清激浊，奖善惩恶，只有这样，奋斗精神才能得到更好的弘扬。

奋斗是一项宏伟的事业，也是一个艰巨的历史进程。这一宏伟事业，呼唤着千千万万个奋斗者；这一历史进程，造就着一代又一代的奋斗者。时代的车轮在奋斗者的推动下前进，事业的蓝图在奋斗者的奋斗中实现，人类的未来因奋斗者的努力而充满希望。让人类唱响奋斗者之歌，共同创造人类的幸福生活和美好未来。人类历史总是在人类奋斗中发展，人类总是在不断奋斗中前行。人的奋斗不应仅是奋斗，人的奋斗还须是与人相关的奋斗。

第一编

# 奋斗是什么

人们为之奋斗的一切，都同他们的利益有关。

——〔德〕马克思《第六届莱茵省议会的辩论（第一篇论文）。关于新闻出版自由和公布省等级会议辩论情况的辩论》

# 第一章　奋斗的内涵

## 第一节　奋斗的哲学含义

奋斗的内涵是非常丰富的。

关于奋斗，《现代汉语词典》第七版中对“奋斗”条目的解释是：“为了达到一定目的而努力干”，如艰苦奋斗、为实现共产主义而奋斗。①

关于奋斗，《辞海》中对“奋斗”条目的解释是：“奋力格斗。《宋史·吴挺传》：‘金人舍骑操短兵奋斗，挺遣别将尽夺其马。’今多用作英勇斗争、不畏阻挠、努力苦干的意思。如：艰苦奋斗；奋斗终生。”②

关于奋斗，《辞源》中对“奋斗”条目的解释是：“尽力

---

① 中国社会科学院语言研究所词典编辑室编：《现代汉语词典》第七版，北京：商务印书馆，2016年，第386页。

② 夏征农、陈至立主编：《辞海》第六版　彩图本（3），上海：上海辞书出版社，2009年，第612页。

战斗。”[①]

马克思（Karl Marx，1818—1883 年）在写于大约 1842 年 3 月 26 日至 4 月 26 日的《第六届莱茵省议会的辩论（第一篇论文）。关于新闻出版自由和公布省等级会议辩论情况的辩论》一文中谈到奋斗时说道：“人们为之奋斗的一切，都同他们的利益有关。”[②]

苏联作家尼·奥斯特洛夫斯基（H. Островский，1904—1936 年）在他的名著《钢铁是怎样炼成的》中，为读者留下了这样的名言：“人最宝贵的是生命。生命每个人只有一次。人的一生应当这样度过：当回忆往事的时候，他不会因为虚度年华而悔恨，也不会因为碌碌无为而羞愧；在临死的时候，他能够说：‘我的整个生命和全部精力，都已经献给了世界上最壮丽的事业——为人类的解放而斗争。’人应当赶紧地、充分地生活，因为意外的疾病或悲惨的事故随时都可以突然结束他的生命。”[③]一个人临死的时候，当他回首往事时，他不应该为自己的一生感到后悔，也不因自己碌碌无为、虚度光阴而感到羞耻。这段话是该书的灵魂所在。一个人的生命需要充分地发挥奋斗的主体性。一个人的生命存在为世界增添光彩，这样他才不枉来到世界一趟。

---

① 广东、广西、湖南、河南辞源修订组，商务印书馆编辑部编：《辞源》（修订本重排版）上册，北京：商务印书馆，2010 年，第 797 页。

② 《马克思恩格斯全集》第 1 卷，北京：人民出版社，1995 年，第 187 页。

③〔苏联〕尼·奥斯特洛夫斯基：《钢铁是怎样炼成的》，梅益译，北京：人民文学出版社，1995 年，第 278 页。

## 第二节　奋斗的发生

在奋斗的现实性上，奋斗是一个不断发生和发展的动态过程。奋斗过程，既是个体奋斗能力不断生成和发展的过程，也是人类奋斗形式不断更新和奋斗格局不断建构的过程。奋斗必然包含着并依附于一些必要的基本因素，因而奋斗具有可以分析的结构。奋斗是在多种有目的的活动和功能表现的过程之中动态地存在的。奋斗是由多种活动和功能表现集合起来并产生一定结果的动态系统。人们需要考察奋斗作为一个动态的关系系统是如何建构起来的，是如何实现的。

从一般结构来看，奋斗依附于由主体和客体以及介于它们之间的各种形式的工具、手段组成的系统，这是奋斗得以发生、得以实现的基本结构骨架。主体和客体是奋斗结构骨架的两极，工具、手段则是把主体和客体联结起来的中介。奋斗的结构是按照奋斗的主体性原则建构起来的。奋斗的主体性是奋斗主体在奋斗结构中的一种奋斗主体能动作用。所谓奋斗主体能动作用是指一定的奋斗主体由自己的地位、本质力量和认知定势所形成的对奋斗客体的一种积极性、主动性和创造性状态。奋斗的主体性使奋斗主体在奋斗过程中决定对奋斗客体的选择，决定运用何种奋斗中介手段和怎样运用奋斗中介手段的选择，决定对奋斗客体的解释方式和使用方式的选择。奋斗的主体性现实地使物按人的方式同人发生关系，并使奋斗主体在奋斗中按人的方式同物发生关系；把构成奋斗结构的各种必要因素组织起来；使构成奋斗结构的各种必要因素作为整体的因素按照一定的目的、方向协同地发挥功能，从而形成现实的、活生生的、具体的奋斗结构系统。奋斗的主体性表现出奋斗结构中的奋斗的能动性原则。奋斗的主体性意味着奋斗主体自身的状态，决定着、制约着一个具体奋斗过程的结构与特性。

对一个现实的具体奋斗过程来说，奋斗的主体性是一种先在的状态，但奋斗的主体性又是通过奋斗和意识、思维活动在对环境的同化和顺应过程中形成的，是作为奋斗主体的人同环境相互作用的结果。一方面，奋斗主体在早先形成的奋斗的主体性基础上进行奋斗和意识、思维活动，实现对环境的同化；另一方面，奋斗主体在同环境的相互作用中，通过物质交换、能量交换、信息交换，不断突破奋斗主体原有结构的稳定状态及其功能的固结状态，表现出结构重组和功能增生的发展趋势，从而使原有的奋斗的主体性顺应环境的变化而发生变化，形成一种能够同化变化了的环境的新的奋斗的主体性。

## 第三节　奋斗的主体与客体

人是一种奋斗的存在。在奋斗活动中，人把自身之外的一切存在，都变成了自己奋斗活动的对象，变成了自己的奋斗的客体，与此同时，也就使自己成为奋斗的主体性的存在。奋斗是多种要素、多种环节相互作用的复杂系统。奋斗系统包含多种要素，其中奋斗的主体和奋斗的客体是两个最基本的要素，也可以看作两个相互规定和制约的子系统，这两个子系统又各有其复杂的内部结构，并自成系统。

## 一、奋斗的主体

奋斗的主体是奋斗系统中最具有自主性和能动性的因素，是指具有奋斗的主体需要和奋斗的主体能力的人，担负着提出奋斗目的、操纵奋斗工具、改造奋斗的客体、驾驭和控制奋斗系统、完成奋斗活动的多种功能。

奋斗的主体首先具有能力结构。在奋斗的主体的能力结构中，存在以下三种基本要素：

第一，“人本身的自然力”[①]，是奋斗的主体能力结构中的物质基础。人本身的自然力是奋斗的主体的自然机体中潜在的特殊能力。它是人的体力和智力的统一。人本身具有与自然物相适应的自然力，因而可以与其进行直接的物质交换，能以一种现实的、感性的力量，同自己的对象发生相互作用。当然，人作为奋斗的主体的物质性，不同于一般自然物的物质性。人的物质力量是精神支配下的物质力量，因而人不仅能积极地适应自然界，还可以能动地改造自然界，创造出自然界本身不可

---

① 《马克思恩格斯选集》第2卷，北京：人民出版社，2012年，第739页。

能自动生成的客观对象。

对“人本身的自然力”，应该辩证地看待。人们错误地使用自身的自然力，毁林毁草，开荒种粮，破坏了生态平衡，破坏了农、林、牧之间的互相依存、互相促进的关系，而受到了自然界的惩罚。如美国中西部在 20 世纪 30 年代出现的黑风暴、苏联西伯利亚 20 世纪 60 年代发生的黑尘暴灾害等。人们正确地使用自身的自然力，植树造林，恢复生态平衡，保护生态环境，自然界就会造福人们。

第二，进入主体奋斗活动领域，为奋斗的主体所实际掌握、运用的知识和经验，是奋斗的主体能力结构中的智力技能因素。在奋斗活动中，作为奋斗的主体能力的知识要素，主要是指为奋斗的主体所消化、吸收的知识和经验，它主要是作为奋斗的主体改造奋斗的客体的目的和方法而发生作用的。奋斗的主体只有掌握了关于奋斗对象、奋斗手段及奋斗的主体自身的有关知识，才能根据奋斗的主体的需要、奋斗的客体的本性及奋斗手段所提供的可能性，恰当地提出奋斗目的，并设计实现这一目的的具体途径、方法和步骤。奋斗的主体对有关奋斗活动的知识掌握得越深刻和越全面，其从事奋斗活动的自觉性也就越高。

奋斗过程中出现的许多问题，都是奋斗的主体自己造成的。世界上许多国家，在不同程度上出现了水土流失、资源损失、环境污染、气候失调等问题，几乎都与奋斗的主体的知识和经验有关。奋斗的主体不能科学地对待人口问题，导致人口增长过快。为了增加粮食，人们不惜毁林开荒，毁草开荒。而滥伐树木和破坏草原的结果，必然会引起水土流失、沙漠扩大，甚至气候失调。为了发展工矿生产，必然会带来废气、废水和废渣。如果人们对废气、废水和废渣，不能科学地加以处理，就会造成环境的严重污染。这样就不可避免地要破坏生态环境，导致生态平衡的失调。人们越不能科学地对待人口问题，生态环境的破坏就越严重；同时，遭到严重破坏的生态环境，又反过来对人们的生存和发展产生严重的影响。

第三，奋斗的主体的情感和意志，是奋斗的主体能力结构中的精神动力因素，它对主体奋斗活动的发动与停止，对主体奋斗能力的发挥，起着重要的控制和调节作用。奋斗的主体是知、情、意相统一的整体。奋斗的主体能力的发挥，不仅取决于知识的主导作用，而且总是伴随着奋斗的主体对奋斗的客体的情感体验和意志努力。马克思在写于1844年4—8月的《1844年经济学哲学手稿》中指出："人作为对象性的、感性的存在物，是一个受动的存在物；因为它感到自己是受动的，所以是一个有激情的存在物。激情、热情是人强烈追求自己的对象的本质力量。"①

奋斗的主体不仅以个人主体的方式存在和活动，还以集团主体、社会主体以至人类主体的形式而存在，并在不同的组织范围中，以不同的活动方式发挥自己的作用。

① 《马克思恩格斯文集》第1卷，北京：人民出版社，2009年，第211页。

列宁（Владимир Ильич Ленин，1870—1924年）在写于1894年底至1895年初的《民粹主义的经济内容及其在司徒卢威先生的书中受到的批评》中指出："个人的社会活动，即社会事实。"[①]个人有其相对独立的奋斗范围和形式，在这个意义上，个人成为独立的主体，即个人主体。集团主体是指以一定的集体、团体、群体形式进行奋斗活动时所形成的主体。社会主体是指一定地域的人所组成的社会整体。在阶级对抗的时代，尽管社会中存在着利益不同的阶级，但只要这个社会内部对抗还没有发展到外部冲突，它就要在一定的意义和程度上，使自己以整体形式从事某些奋斗活动。人类主体是指发展着的人类整体。迄今为止，自觉的人类主体还没有完全形成，这一方面有自然的原因（如地理的原因使不同民族之间产生了一定的隔离），另一方面也即更重要的还有社会的原因。在国际上还存在阶级对立的条件下，人类只能在某些有限的方面，在一定的条件下，共同以人类主体的身份，从事改造世界的奋斗活动。只有将来消灭了阶级，自由自觉的人类主体才能真正形成。

在奋斗活动中，具体的奋斗的主体不但同一定的奋斗的客体发生着改造与被改造的关系，而且奋斗的主体和奋斗的主体之间，必须结成一定的社会关系，它们之间也发生着相互依存、相互影响和相互作用。具体的奋斗的主体，一方面受到整个人类社会历史和其他奋斗的主体的制约和影响，另一方面又

① 《列宁全集》第1卷，北京：人民出版社，2013年，第367页。

以其能动的活动，在不同的方面和程度上影响社会历史。因此，在奋斗活动中，不但奋斗的主体和奋斗的客体之间发生着相互作用，而且在奋斗的主体内部也发生着不同奋斗的主体之间的社会交往和社会互动过程。

## 二、奋斗的客体

奋斗的客体是奋斗的主体活动的对象，是进入奋斗的主体对象性活动的领域，同奋斗的主体的奋斗活动发生功能性联系，成为奋斗的主体的奋斗活动所现实指向的客观事物。

奋斗的客体具有客观性。奋斗的客体是一种不以奋斗的主体的主观意志为转移的客观存在，这是奋斗的客体自身的客观性。不但客观事物在成为奋斗的客体之前，就具有客观性特征，而且进入奋斗的主体和奋斗的客体的关系结构以后，这种客观性特征也仍然保持着。

奋斗的客体还具有对象性。奋斗的客体不是与客观事物相等同的概念，客观事物只有在奋斗的主体的对象性活动中，作为奋斗的主体活动所指向并与奋斗的主体相对立的东西时，才成为奋斗的客体。哪些客观事物能够成为奋斗的客体，不仅取决于这些客观事物的自在本性，同时也取决于人的本质力量的发展程度和水平。换句话说，哪些客观事物能够成为奋斗的客体，既取决于客观事物具有哪些可被人类利用的性质，又取决于奋斗水平能否利用客观事物的这些性质。

马克思在《1844年经济学哲学手稿》中指出："工业的历史和工业的已经生成的对象性的存在，是一本打开了的关于人的本质力量的书。"[①]奋斗的客体的存在和发展，不仅表示奋斗的客体本身发生了特定的变化，而且这种变化本身，就是奋斗的主体本质力量的确证。也就是说，通过奋斗的客体的变化发展，可以透视奋斗的主体能力及需要的变化发展。奋斗的客体不断扩大的过程，同时也就是奋斗以及人的本质力量的发展过程。

奋斗的客体还具有社会历史性。奋斗的客体是由人的奋斗活动历史地规定着的。也就是说，客观事物不是一下子和从一切方面整个地成为人的奋斗的客体的。不但就整个自然界来说，客观事物被纳入奋斗的主体的对象性活动中，要有一个过程，而且即使是已经进入奋斗的主体和奋斗的客体关系结构的客观事物，人们也只有通过奋斗的不断发展，才能不断地发现客观事物的新的属性和结构，从而以新的方式改造和利用它们，用以满足人的不断发展的需要。

奋斗的客体与奋斗的主体的需要结构和能力水平，处于相互对应和相互关联的对象性关系之中。奋斗的客体可以分成自然形式的奋斗的客体、社会形式的奋斗的客体和精神形式的奋斗的客体三种基本类型。

自然形式的奋斗的客体是奋斗的客体的最基本形式。在人

① 《马克思恩格斯文集》第1卷，北京：人民出版社，2009年，第192页。

类最初的、最基本的奋斗中，奋斗的客体是自然。这种奋斗的客体既包括刚刚同人的对象性活动发生关系的自然物，也包括人们用某种方式改造或制造出来的人造自然物。人造自然物既是奋斗的主体奋斗活动的结果，同时又是奋斗的主体奋斗进一步改造的对象。

社会形式的奋斗的客体首先指已经对象化了的现实的社会结构，如经济制度、政治制度等；其次包括体现在物上的社会关系。从事奋斗活动的人，必须同时把在自己的奋斗活动中形成的人与人的社会关系，作为认识和改造的对象，这时社会关系就成了社会形式的奋斗的客体。

精神形式的奋斗的客体是指人类精神生产的结果以物的形式存在，并成为人们奋斗活动的对象，如以书籍为物质载体的各种理论、学说等。精神形式的奋斗的客体都有自己“物化”的形式，但人们所注重的不是它们的物质形式，而是这些物质形式所体现或携带的精神内容。精神形式的奋斗的客体是人类在自己的奋斗活动中创造出来的，它们同时也是人们继续进行奋斗的对象。

马克思在《1844年经济学哲学手稿》中指出：“当物按人的方式同人发生关系时，我才能在实践上按人的方式同物发生关系。”[①]只有进入人的奋斗活动的领域，与奋斗的主体发生相互作用的、成为奋斗活动的现实对象的那部分外部世界，才是现

① 《马克思恩格斯文集》第1卷，北京：人民出版社，2009年，第190页。

实的奋斗的客体；人只有在同这种现实的奋斗的客体的相互作用中，才能实现其奋斗的主体的地位。未进入奋斗活动的外部事物，对奋斗没有现实的意义，因此，它还不是现实的奋斗的客体。

## 三、奋斗的主体和客体的相互作用

奋斗的主体和奋斗的客体是奋斗活动的两极。仅仅有奋斗的主体和奋斗的客体，还不能形成现实的奋斗活动。要形成现实的奋斗活动，需要奋斗的中介。奋斗的中介主要是指奋斗的工具与手段，也包括运用和操作这些工具的程序和方法，是奋斗的主体利用、改造和掌握奋斗的客体的借用力量，也是奋斗的主体和奋斗的客体之间相互作用的条件和桥梁。

与人的内在能力结构相适应，奋斗的中介可以分为两大类：一类是作为人的肢体延长、体能放大的工具系统。从手工工具、畜力，到近代以至现代的机器系统和动力能源系统，都属于这类奋斗的中介。这类奋斗的中介的共同特点是强化了人的某一方面的体力，放大了人实际作用于奋斗客体的某一方面的功能，从而作为奋斗的主体和奋斗的客体之间相互作用的中介和导体而发挥作用。另一类是作为人的感官与大脑的延伸、智力放大的工具系统。从传统的望远镜、显微镜到现代各种自动探测器、遥感装置，从机械计算器到电子计算机系统等，都属于这类奋斗的中介。它们是人的感官和大脑的放大。它们的制造和使用，突破了人的感官和大脑的自然界限，极大地提高了奋斗的主体接收、处理和加工信息的能力。奋斗的中介的发展和运用，从一个侧面记载和标示着一定时代的奋斗方式和奋斗水平。

奋斗的主体、奋斗的客体、奋斗的中介在奋斗活动中的地位，不是并列和等价的。奋斗的主体在其中起着主导的和积极的作用。奋斗活动在奋斗的主体的有目的活动的驱动下，通过目的、手段和结果的反馈调控，成为一个自组织、自调节、自控制、自发展的动态有机系统，执行着满足人的生存和发展的各种需要的基本功能。在奋斗活动中，奋斗的客体是制约性因素，奋斗的中介则是把奋斗的主体与奋斗的客体连接起来，使二者之间的相互作用得以实现的条件和桥梁。

奋斗的主体与奋斗的客体的相互制约以及奋斗的客体的生成和发展对奋斗的主体的驱动，决定了奋斗的主体与奋斗的客体的关系，既不是奋斗的主体单向地把握和规范奋斗的客体，也不是奋斗的客体单向地影响和制约奋斗的主体，而是奋斗的主体与奋斗的客体的相互作用。

奋斗的主体和奋斗的客体的相互作用，能够使人类走向文明，也能够使人类走向尽头。从奋斗的主体和奋斗的客体的相互作用的特点和实质看，这种相互作用，既不同于一般物质实体之间的相互作用，也不同于一般的精神和物质之间的相互作用，而是把这两种相互作用都包含于自身。具体地说，奋斗的主体和奋斗的客体的相互作用，具有物质性的特点，但又不能把这种相互作用的本质，归结为一般的物质性，除人以外一切物与物之间的相互作用，都是无意识的、盲目的，都不可能以奋斗的主体和奋斗的客体的相互作用的形式出现。而在奋斗的主体与奋斗的客体的相互作用中，出现了一般物质相互作用所没有的崭新的关系，这就是目的与手段、创造者与被创造者、能动者与受动者之间的关系。

在奋斗中，要正确地改造事物，必须从事物自身的性质和规律出发。改造对象的实质是变革其性质和形式，而这种变革除要根据奋斗的主体的需要和能力进行外，还应根据奋斗的客体自身的性质和规律来进行。在奋斗活动中，奋斗的主体作用于奋斗的客体，奋斗的客体也作用于奋斗的主体。奋斗的主体与奋斗的客体二者是相互作用的。这样，奋斗的主体在奋斗的主体与奋斗的客体的相互作用中的主导地位和中心地位就被确定下来。在特定的条件下，人们进行这样而非那样的奋斗活动，不同的人在奋斗活动中，受到奋斗的客体条件制约程度的差异，不同的奋斗的主体在奋斗活动中的效果不一样，甚至截然相反，其原因只能从奋斗的主体与奋斗的客体的相互作用方面来寻找。

在奋斗过程中，奋斗的主体一方面受到奋斗的客体的限定和制约；另一方面，又能不断地发展自己的能力和需求，以自觉能动的活动不断打破奋斗的客体的限定，超越现实的奋斗的客体。奋斗的主体和奋斗的客体之间的这种限定和超越或限定中的超越关系，就是奋斗的主体和奋斗的客体相互作用的实质。

奋斗的客体条件究竟对人的奋斗活动，是起消极的制约作用，还是起积极的促进作用，不取决于它本身，而取决于奋斗的主体的能力。同样的条件，对不同能力的奋斗的主体的奋斗活动所起的作用是不同的。一定的条件对某些奋斗的主体来说，是其能动作用发挥的障碍，而对另一些奋斗的主体来说，则可能是可资利用的因素，是其能动作用借以发挥的基础和手段。

在人的奋斗活动中，奋斗的主体的能力的实现，是通过对奋斗的客体的把握和规范实现的，因而是对奋斗的客体的超越。同时，这种超越又要受到奋斗的客体的制约。制约和超越在奋斗的主体与奋斗的客体的相互作用中，是一对始终存在的矛盾。

奋斗的主体和奋斗的客体的相互作用，能够为人类营造绿荫，使人类享受温馨；也能够使人类的资源不被珍惜，使人类的环境不被保护。从奋斗的主体和奋斗的客体的相互作用的内容和结果看，这种相互作用是通过奋斗的主体对象化和奋斗的客体非对象化的双向运动而实现的。奋斗的主体对象化是指人通过奋斗将自己的本质力量转化为对象物。马克思在《1857—1858 年经济学手稿》中指出："在生产中，人客体化，在消费中，物主体化。"[①]生产活动是劳动者运用自身的力量并运用工

① 《马克思恩格斯文集》第 8 卷，北京：人民出版社，2009 年，第 13 页。

具改造天然物的过程，在这一过程中，对象按照奋斗的主体的要求和需要发生了结构和形式上的变化，产生了自然界原来所没有的种种对象物。这种对象物是人在与外在世界的相互作用中创造出来的，是人的体力和智力的物化体现，也就是奋斗的主体的本质力量通过奋斗活动转化为静止的物质的存在形式，即积淀、凝聚和物化在奋斗的客体中。因此，奋斗的主体的对象化也就是奋斗的主体通过对象性活动向奋斗的客体的渗透和转化，即奋斗的主体奋斗的客体化。实际上，不仅生产如此，人类一切奋斗活动的结果都是对象化的结果。

在奋斗的主体对象化的同时，还发生着奋斗的客体非对象化的运动。奋斗的客体非对象化是指奋斗的客体从客观对象的存在形式转化为奋斗的主体生命结构的因素或奋斗的主体本质力量的因素，奋斗的客体失去对象化的形式，变成奋斗的主体的一部分。在生产活动中，奋斗的主体一方面通过物质和能量的输出，改变着奋斗的客体；另一方面，奋斗的主体也需要把一部分对象作为直接的生活资料加以消费，或者把物质工具作为自己身体器官的延长，包括在奋斗的主体的生命活动之中。这些都是奋斗的客体向奋斗的主体的渗透和转化，即奋斗的客体奋斗的主体化。实际上，人通过改造对象的活动消化精神产品，使之转化为奋斗的主体意识的一部分，也是奋斗的客体非对象化，即奋斗的客体奋斗的主体化的表现。

奋斗的主体对象化，或者说奋斗的主体奋斗的客体化造成人的奋斗活动成果的体外积累，形成了人类积累、交换、传递、继承和发展自己本质力量的特殊方式——社会遗传方式，从而使人类的物质文化与精神文化，不会因个体的消失而消失。而人通过奋斗的客体非对象化这种形式，占有、吸收对象（包括前人的奋斗活动成果），不断丰富人的本质力量，从而提高奋斗的主体能力，使奋斗的主体能以新的更高的水平，去改造奋斗的客体。这样，人类在世代延续的奋斗活动中，才避免了每一代人在同一奋斗起点上从事重复的奋斗活动，而能使后代人在继承前人的基础上，获得比前人更高的奋斗起点，从而使人类的奋斗既具有社会性，又具有历史性。因而，奋斗的主体和奋斗的客体的相互作用，总是连续不断地在新的基础上发展下去。

奋斗的主体对象化和奋斗的客体非对象化，或者说，奋斗的主体奋斗的客体化和奋斗的客体奋斗的主体化的双向运动，是人类奋斗活动两个不可分割的方面。奋斗的主体在奋斗活动中，运用物质力量作用于物质奋斗的客体，改造奋斗的客体，使奋斗的主体本质力量对象化；同时，奋斗的客体属性、规律也作用于奋斗的主体，内化为奋斗的主体机体和奋斗的主体本质力量，使奋斗的主体得到改造、充实和发展。前者是奋斗的主体奋斗的客体化，后者是奋斗的客体奋斗的主体化，二者互为前提条件，互为媒介，统一于具体的奋斗活动中。在奋斗活动中，没有奋斗的主体奋斗的客体化，就没有奋斗的客体奋斗的主体化；没有奋斗的客体奋斗的主体化，也不可能有奋斗的主体奋斗的客体化。奋斗的主体的奋斗的客体化过程，同时进行着奋斗的客体奋斗的主体化过程。奋斗的主体奋斗的客体化的程度，制约着奋斗的客体奋斗的主体化的程度；反之亦然。但奋斗的主体奋斗的客体化与奋斗的客体奋斗的主体化并非都是同步的。奋斗的主体奋斗的客体化，奋斗的主体本质力量对象化，是生产人化自然，是将自然物加工改造成为劳动的对象化的过程。对于天然奋斗的客体来说，它们不是人化自然，不是奋斗的主体本质力量对象化；奋斗的主体与天然奋斗的客体相互作用，使之内化为奋斗的主体机体和能力，却是奋斗的客体奋斗的主体化过程。在这里，只有奋斗的客体奋斗的主体化，而没有奋斗的主体奋斗的客体化（并非没有奋斗的主体对奋斗的客体的作用）。人们通过奋斗的主体奋斗的客体化和奋斗的客体奋斗的主体化，不断地解决着现实世界的矛盾。奋斗的客体奋斗的主体化和奋斗的主体奋斗的客体化是奋斗的客体对奋斗的主体的制约性和奋斗的主体对奋斗的客体的超越性的生动表现，也是人类奋斗活动的本质内容。

在人的奋斗活动中，奋斗的客体条件对奋斗的主体的制约性的意义，是由奋斗的主体能力来确定的。人的奋斗活动能否成功，并不在于能否摆脱奋斗的客体规定性的制约，而在于是否有能力利用奋斗的客体规定性的制约，能否超越它。因此，要在奋斗中取得成功，关键在于锻炼、提高和充分发挥奋斗的主体的能力。

# 第二章　奋斗的特征

人的奋斗是有其特征的。人的奋斗是有其属于自己的规定的。所以，人的奋斗都具有本质特征，都具有本质规定。人的奋斗都具有普遍本质。人的奋斗是由人的奋斗的特征所决定的。

## 第一节　奋斗具有社会性

奋斗活动在本质上是社会性的，人的奋斗的本质是同人的社会的本质密切相关的。

第一，人作为社会存在物，是社会需要推动其进行能动的奋斗活动。奋斗的能动性首先体现为奋斗个体对未知世界、未知事物、未知领域的积极探索。这就是通常所说的"好奇心"，好奇心的确对奋斗的发展起着推动作用，但在一定的时候为什么是这种事物而不是那种事物成为人们的好奇心关注的焦点，在不同的历史时期为什么人们的好奇心是不一样的，则是由社会实践及其需要决定的。古代人不可能产生对纳米技术或基因技术的好奇心，现代人也不再会产生对钻木取火或打制石器的好奇心。从根本上说，推动人们能动地奋斗的原因就是社会实践及其需求。

恩格斯（Friedrich Engels，1820—1895 年）在 1894 年 1 月 25 日致瓦尔特·博尔吉乌斯（Walther Borgius）的信中说道："社会一旦有技术上的需要，这种需要就会比十所大学更能把科学推向前进。"[①]科学奋斗总是围绕着社会需要这个中心确定的。人是社会存在物，社会需要反映到个体的头脑中，才成为个体奋斗活动的动力，成为个人的好奇心，推动人们去进行能动的奋斗活动。

第二，人作为社会存在物，是社会所提供的奋斗工具提高着人的奋斗能力，使能动的奋斗活动得以顺利进行，人不仅仅是凭借肉体的感觉器官去奋斗的。虽然人眼只能接受 380—770 纳米的电磁波（光波），人耳只能接受 20—20000 赫兹频率范围内的震荡波（声波），等等，但是，人们可以借助射电望远镜观察到 100 亿光年以外的天体，可以使用电子显微镜把物体放大百万倍以上，电子计算机每秒上亿次的运算速度使人们对事物的认识变得更快更准确，国际互联网的发展扩展了人们的奋斗范围，极大地提高了人的奋斗能力。

① 《马克思恩格斯选集》第 4 卷，北京：人民出版社，2012 年，第 648 页。

一个人不掌握和运用社会所提供的奋斗工具，就不可能从事能动的奋斗活动。而掌握和运用社会所提供的奋斗工具，个人的奋斗活动就不再是纯个人的奋斗活动了；每个人都是以社会成员的身份，和他人一起进行能动的奋斗活动。

第三，人是社会的存在物，是社会所提供的前人和他人的经验、知识，使能动的奋斗活动像滚雪球似的不断扩大和发展下去。动物所获得的只是生物遗传那一点“认识”，而且这种“认识”永远重复在同一水平上。与此不同，人是社会的存在物，是生物遗传和社会遗传的统一。这种社会遗传性充分体现在人的奋斗活动中。也就是说，人并不是仅以个体的有限的知识进行奋斗的，人的背后是社会所提供的巨大的知识库，人们的奋斗能力同它对这个知识库营养的吸收程度成正比。在奋斗活动中，每一个奋斗个体，一方面同奋斗的客体即奋斗的对象发生关系，不断进行着奋斗的主体与奋斗的客体的相互作用；另一方面又同其他奋斗个体发生关系，形成个体奋斗向社会开放和社会奋斗影响个体的双向运动。这种相互作用使奋斗成为社会活动。

马克思在《1844 年经济学哲学手稿》中说道：“甚至当我从事科学之类的活动，即从事一种我只在很少情况下才能同别人进行直接联系的活动的时候，我也是社会的，因为我是作为人活动的。不仅我的活动所需的材料——甚至思想家用来进行活动的语言——是作为社会的产品给予我的，而且我本身的存在就是社会的活动；因此，我从自身所做出的东西，是我从自身为社会做出的，并且意识到我自己是社会存在物。”[①]人的社会性，必然使每一个人的奋斗超越其个体，使每一代人的奋斗超越前一代人的水平，使能动的奋斗活动及其成果，像滚雪球似的不断扩展和深化。

奋斗是社会的历史的活动。奋斗一开始就是社会的奋斗，是历史地发展着的奋斗。人们总是在一定的社会关系中进行奋斗活动。尽管奋斗可以表现为单个人的个体活动，但个人总是凭借着社会力量去同自然发生关系、从事奋斗活动的。为了进行奋斗，人们之间必然发生一定的社会关系，只有在这些社会关系的范围内，才会有奋斗。同时，人的奋斗活动总是受到一定社会条件的制约，奋斗的对象、范围、规模和方式都受到社会条件的制约。社会条件不同，奋斗活动的方式和方法也就不同。

## 第二节　奋斗具有相对性

人的奋斗全部是相对的，全部具有相对性。人有时候会回头问自己：自己可曾奋斗彻底了？人的奋斗往往是不彻底的。每个人的生命是有限的，每个人的奋斗也是有限的。人的奋斗的相对性是别具魅力的，是令人回味的。人的奋斗的相对性能给人以深刻的印象。人的奋斗能融合传统的元素，也能融合时

① 《马克思恩格斯文集》第1卷，北京：人民出版社，2009年，第188页。

代的元素。人的奋斗深受传统的影响，也深受时代的影响。人的真实生活都与人的奋斗有关。人的奋斗在人的现实世界中发挥着重要作用。人的奋斗能对人产生很大的影响。人的奋斗对人有着相当深远的影响。

人的奋斗充盈着相对性。人的奋斗充盈着变化。由于人的情况绝不会一样，因此，人的奋斗也绝不会一样。人们的奋斗有相同的地方，也有不同的地方。人的奋斗充盈着发展。人的奋斗是有变化的。人的奋斗是有传统的，是有地域性的。人的奋斗是与人的传统相结合的。人的奋斗是与人的地域性相结合的。人的奋斗是有层次的。人的奋斗是有不同的历史层次的。人的奋斗的变化是有不同的层次的。

人的奋斗是由小渐大的，是由粗渐精的。人的奋斗有一个逐步形成、发展的过程。人的奋斗是符合人的实际情况的，因而是通情达理的。可见，人的奋斗有一个逐渐变化的过程。人的奋斗对人的影响是持久的，是广泛的，是不断深入的。人的奋斗是人的丰富源泉。人的奋斗会因时间的不同、地域的不同而有差异。人的奋斗是有开端的。人的奋斗与人的相对性的影响是分不开的。人的奋斗的相对性在人的心目中有崇高的地位。

人的奋斗是有根据的。人的奋斗是勃勃有生气的。人的奋斗是很有意义的。人的奋斗是有含意的。人的奋斗确实是一项十分艰巨的工作。人的奋斗能给人留下不可磨灭的印象。人不但有现在的奋斗，而且有未来的奋斗。人的奋斗是有差异的。

人的奋斗有一个发展过程。人的奋斗是值得深思的。人的奋斗会给人很多启发。人的奋斗的情况会有所不同。人要奋斗，就要走艰难的道路。人要奋斗，就要经过许多艰难的阶段。

人的全面奋斗能够大大加快人的全面发展的进程。人要奋斗，就要发挥主观能动性。人能奋斗，就在于人有超越性。人的奋斗与人的超越性有密切联系。人的奋斗的超越性在人的认识活动和实践活动中起着重要的作用，人的奋斗的相对性在人的认识活动和实践活动中也起着重要的作用。人的奋斗的超越性对人起着举足轻重的作用，人的奋斗的相对性对人也起着举足轻重的作用。

人的奋斗是人的努力做成的。人的努力具有相对性，人的奋斗自然也具有相对性。人要奋斗就需要走路。人的奋斗是有路可走的，人的奋斗也是有路要走的。人的奋斗是会变化的。人的奋斗的变化性是人的奋斗的相对性之所在，人的奋斗的变化性也是人的奋斗的奇迹之所在。人的奋斗是需要时间的，人的奋斗的趋势也是需要时间的。人的奋斗的变化是需要时间的，人的奋斗的相对性也是需要时间的。

人的奋斗的相对性是属于现在的，也是属于未来的。人的奋斗的时间是属于现在的，也是属于未来的。人的奋斗的空间是属于现在的，也是属于未来的。人的奋斗的相对性是顽固的，也是开化的。人的奋斗的相对性赢得了人的过去，也赢得了人的现在，还赢得了人的未来。人的奋斗的相对性影响人的过去，也影响人的现在，还影响人的未来。

人的奋斗的时间增加了，人的奋斗也就随之增加了，人的奋斗的相对性也就随之增加了。人的奋斗的路程增加了，人的奋斗也就随之增加了，人的奋斗的相对性也就随之增加了。人的奋斗是人拥有的奇迹，人的奋斗的相对性也是人拥有的奇迹。人的奋斗的相对性是人的奋斗的现实性的源泉。人努力奋斗是因为人向往奋斗。人的奋斗的相对性能够给人伟大的理想，也能够给人崇高的目标。

## 第三节　奋斗具有多样性

任何一种奋斗都具有多种可能性。奋斗从阶段上看具有偶然性，从长远上看则具有必然性。奋斗有可能滞后于时代，有可能与时代发展相一致，也有可能超越于时代。在奋斗的过程中，每一种选择都具有潜在的可能性。如果不顾客观发展实际，主观随意选择，将容易使奋斗脱离客观的实际，其结果有可能是过于保守，沉浸于传统的或落后的奋斗之中，也有可能是过于激进，陷入盲目的臆想或自大的奋斗之中。这两种选择都会使现实的奋斗活动走向它的反面，不但不能满足客观实际的需要，还将最终阻碍社会历史发展的进程。

奋斗发展道路的选择理论上具有多种可能性，但究竟该选择哪种道路最终要取决于奋斗的主体所做的历史选择。奋斗的主体在进行奋斗发展道路的选择时，往往起着至关重要的作用。所以奋斗发展道路的选择得正确与否，在大多数情况下，就是要看奋斗的主体是否选择完成艰巨而伟大的历史任务。奋斗发展道路的选择是奋斗的主体在奋斗的过程中做出的历史选择。在奋斗发展道路的选择上，奋斗的主体起着重要的作用。但奋斗发展道路的选择并不是一帆风顺的，奋斗的主体要在其中贡献自己的力量和智慧。奋斗发展道路的选择是一种实践活动，是历史发展和历史选择的潜在内容，是奋斗的一个必要组成部分。

奋斗发展道路的选择是人进行奋斗时所必须面对和解决的问题。在奋斗过程中，人要不断深化对于奋斗发展道路的选择的认识，审慎地做出符合时代要求的奋斗发展道路的选择。奋斗发展道路的选择的好坏，不仅影响到奋斗的诸方面，还将影响到奋斗的影响力。奋斗发展道路具有多样性，但是适合一个人的奋斗发展道路却是具体的、历史的。要在历史发展进程中选择适合自身的奋斗发展道路，是对一个人的最大考验。人的最好的奋斗发展道路是在历史奋斗过程中不断形成的符合人的实际需要的奋斗发展道路，是人的历史选择的结果。

奋斗发展道路的多样性，能够对人的奋斗产生不同程度的影响。奋斗发展道路能够反映人的奋斗的总体格局，能够体现人的高度的奋斗自觉与奋斗自信。只有坚持最好的奋斗发展道路，才能不断推动奋斗的大发展，不断提高奋斗的实力，凝聚起奋斗的强大的力量，夺取奋斗的伟大胜利。

## 第四节　奋斗具有充实性

奋斗使人能够处于变化中，使人能够不断地更新着，能够赋予人以充实性。人的奋斗能够充实人。人的奋斗都是充实的。人有了奋斗，就有了充实。奋斗从一开始就有充实的特征。人在奋斗时，也在进行着充实。人能够被奋斗所充分地充实。人是需要充分地充实的。人的奋斗能令人充实。人会受到人的奋斗的持续影响。人的奋斗能够持续地充实人。人的奋斗是动人的。人的奋斗能给人留下深刻的印象。人的奋斗能使人蓬勃发展。人都能受到人的奋斗的影响，并能从人的奋斗中获得灵感。

人的奋斗能使人渐渐地积聚起自己的力量。人的奋斗是人的整个结构不可分割的一部分。人都明显受人的奋斗的影响。人的奋斗能使人生机勃勃。人的奋斗能显示出人的超凡性。人的奋斗能使人充满活力。人的奋斗与人的活力是融合在一起的。人的奋斗与人的充实是融合在一起的。人的奋斗对人能起到重要作用。人的奋斗与人构成了一个奇妙的人的世界。人的奋斗能令人印象深刻。无疑，人的奋斗对人能产生深远的影响。

人的奋斗能受到人的称颂。人的奋斗的充实性表明了人与人的奋斗的密切关系。人与人的奋斗是连接在一起的。人与人的奋斗密切相关。人能反映出来人受到人的奋斗的影响。人的奋斗有非凡的力量。人深受人的奋斗的影响。人的奋斗能对人产生极为深远的影响。人的奋斗能极大地丰富人的生命的色彩。人的奋斗能对人产生极大的影响。人的奋斗是人的生命的源泉。人的奋斗在人的生命中占有极其重要的地位。人的奋斗在人的生命中享有极高的声誉和地位。人的奋斗对人的生命一直产生着影响。人的奋斗对于人的生存和发展有很大的好处。人的奋斗在人的生命中一直闪耀着不朽的光芒。

人的奋斗在人的生命中起着极其重要的桥梁作用。人的奋斗在人的生命中起着很大的作用，对人的方方面面都有着影响。人的奋斗是有方向的。人的奋斗对于人会有很大的启发。人的奋斗是重要的。人的奋斗是人的极其重要的因素。人的奋斗都与人有关。人的奋斗是非常有意义的，是非常有启发性的。人的奋斗能对人起着很大作用。人的奋斗在人的生命中占有着崇高的地位，产生着巨大的影响。

人的奋斗能够进入人的各个领域，能够深入人的生活之中。人的奋斗是家喻户晓、妇孺皆知的。人的奋斗与人有着密切联系。人的奋斗对人的影响是广泛而深入的。人的奋斗的充实性是人的奋斗的优越性。人的奋斗的地位是异常重要的。人的奋斗的影响是异常大的。人是以人的奋斗为依据的。人的奋斗对于人能起到极大的推进作用。人的奋斗是有感人的力量的。人喜欢奋斗，并且以有奋斗而自豪。人的奋斗是主动的。人的奋斗在人的生命中占有独特的地位。

人在奋斗中会感觉到希望。人在奋斗中会感受到鼓舞。人的奋斗联系着人的美好。人的奋斗需要人的努力。人的奋斗能给人以很大的影响。人的奋斗能够充实人的人生。人的奋斗能够对人的生活有影响。人的奋斗在人的认识活动和实践活动中占有很重要的地位。人的奋斗对人有极其重大的意义。人的奋斗是会有利于人的发展的。人的奋斗能启发人的思维，开拓人的境界。人的奋斗对于人的生命的构成能够起决定性的作用。

人的奋斗能够促进人的发展，能够提高人的物质生活和精神生活水平。人的奋斗在人的生命中能够起重要的作用。人是生活在奋斗中的。人从奋斗中既能得到物质利益，也能得到精神利益。人的奋斗是推动人的发展的重要因素。人的奋斗之路是人的一条正路，也是人的一条新路。人的奋斗在人的历史上起着重大作用。人的奋斗是非常重要的。人的奋斗对人的建设起很重大的作用。人离开了奋斗，就会寸步难行。

人的奋斗会使人的地位大大地提高。人的奋斗能够推动人前进。人的奋斗在于人。人的奋斗都对人有贡献。人的奋斗是人的发展的规律。人的奋斗的过程本身是人的发展的过程。人的奋斗符合人的发展的要求。人的全面奋斗符合人的全面发展的要求。对一个人来说，奋斗是至关重要的。人从奋斗中能够吸收许多东西。人的奋斗是人的发展。人的奋斗对人的发展能有深入而持久的影响。人的奋斗有丰富的内涵。人的发展是从人的奋斗中产生出来的，人的全面发展是从人的全面奋斗中产生出来的。

人的奋斗能够提高人的认识水平和实践水平，能够提高人的生活水平，能够为人造福。人的历史是沿着人的奋斗的方向向前发展的。人的奋斗对人有重大的意义。人如果没有奋斗，人的认识活动和实践活动简直是无法想象的。人的奋斗是人的重要组成部分。人的奋斗是人的基础。人的奋斗是人的源头。

## 第五节　奋斗具有时代性

因为人是时代的产物，所以人的奋斗受时代的限制。人的奋斗不能不顺从人的时代的要求。人的奋斗能够反映时代的特性。奋斗与当下保持着千丝万缕的联系。人是能够将奋斗献给时代的。每一个时代都有自己独特的奋斗样态，相反，任何一种具有发展活力的奋斗都要与时俱进、不断创新。只有这样的奋斗样态才能够引领时代的发展。奋斗具有鲜明的时代性，缘于奋斗能够不断回应时代需求和时代问题。换言之，一种具有强大生命力和充满活力的奋斗必定是充分反映时代精神精华、顺应时代发展潮流的奋斗。时代境遇决定着奋斗发展道路的选择。

首先，时代性本身就是一个历时性范畴，任何一个富有时代性的事物都应该伴随社会实践的发展而不断向前推进。其次，时代性还表现在它能够不断回应和解答时代课题，在对时代课题的回答中砥砺前行。人在奋斗中所走过的每一步都是回应时代需求和解答时代课题的一步。在任何时代、任何社会形态中，奋斗都是时代的产物。由此可见，奋斗要保有其鲜明的时代性，就必须要经受时间的考验，跟得上实践发展的步伐。奋斗的时代性突出地表现为社会制约性和历史承继性。

在一定的社会有机体中，经济结构决定了由此而产生的同一时代的政治结构和精神结构。经济形态的演变及不同经济形态之间的区别决定了每一种奋斗的时代性特征。简言之，每一种奋斗的形态都具有它那个时代经济发展鲜明的烙印，必须从它所属的那个时代的经济结构及其演变来定位其奋斗的时代性特征。自资本主义社会产生以后，“各民族的原始封闭状态由于日益完善的生产方式、交往以及因交往而自然形成的不同民族之间的分工消灭得越是彻底，历史也就越是成为世界历史”[①]。奋斗的时代性缘于历史不断向世界历史的转变而呈现出另一种鲜明的特征。这一历史时期的奋斗的时代性不仅有当代奋斗与传统奋斗之间在时间先后顺序上的承继性，更有彼此奋斗交流和融合所产生的奋斗的当代性。

任何的奋斗都产生于一定的时代，同时任何时代又不断催生新的奋斗形态，这是奋斗的时代性的辩证法，它表明的是这种奋斗产生的必然性和所以如此的原因。总体而言，奋斗具有与时俱进的时代性特征，奋斗会随着社会的发展与时代的要求而变化。

① 《马克思恩格斯选集》第1卷，北京：人民出版社，2012年，第168页。

把握奋斗的时代性，首先要把握时代性。那么什么是时代性呢？马克思在写于1842年5月17日以后的《集权问题。从问题本身和1842年5月17日星期二〈莱茵报〉第137号附刊谈起》一文中曾经说："一个时代的迫切问题，有着和任何在内容上有根据的因而也是合理的问题共同的命运：主要的困难不是答案，而是问题。因此，真正的批判要分析的不是答案，而是问题。正如一道代数方程式只要题目出得非常精确周密就能解出来一样，每个问题只要已成为现实的问题，就能得到答案。世界史本身，除了用新问题来回答和解决老问题之外，没有别的方法。因此，每个时代的谜语是容易找到的。这些谜语都是该时代的迫切问题，如果说在答案中个人的意图和见识起着很大作用，因此，需要用老练的眼光才能区别什么属于个人，什么属于时代，那么相反，问题却是公开的、无所顾忌的、支配一切个人的时代之声。问题是时代的格言，是表现时代自己内心状态的最实际的呼声。"①

可见，一个时代的时代性，并不是人们在头脑中凭空想出来的，而是生活在那个时代的人们在奋斗中做出来的，是人们在解决一个时代的迫切问题时表现出来的时代风貌和时代取向。换句话说，只有找到一个时代"支配一切个人"的迫切问题时，才能真正理解那个时代的时代性究竟是什么。正是从这

① 《马克思恩格斯全集》第1卷，北京：人民出版社，1995年，第203页。

个意义上讲，奋斗的时代性是奋斗在时代中体现出来的本质特性，是奋斗在解决一个时代的迫切问题时体现出来的本质特性。奋斗无法完全摆脱时代。

## 第六节　奋斗具有不完善性

人的奋斗并非应有尽有、完美无缺。人的奋斗具有不完善性。而不完善的奋斗也是奋斗。人的奋斗都建立在不完善性的基础上。人的奋斗的不完善的基础是人的奋斗的真实的基础。人的奋斗是人的并不充分的奋斗。人为了奋斗，必须不停地思考。人的奋斗永远处于未完成的状态。人的奋斗能不断地展现人的创造力。人的奋斗能不断地展现人的非凡的能力。人的奋斗其实是经历着人的不同时期和阶段的积淀的。人在不同时期和阶段都能奋斗是显而易见的。人的奋斗的不完善性展现着人的奋斗的延续性。

人的奋斗是从人的生涯中发展而来的。人的奋斗能呈现出人的变化趋势。人的奋斗对人的发展能起促进的作用。人的起源可以追溯到人的奋斗，人的发展也可以追溯到人的奋斗。人的发展是逐渐进行的，人的奋斗也是逐渐进行的。人的奋斗含有变化的意义，也含有发展的意义。人的奋斗是逐渐变化的，也是逐渐发展的。人的奋斗是逐渐深化的，也是逐渐系统化的。

人的奋斗是有局限性的。人的奋斗是不断积累来的。人的奋斗有一个长期演变的过程。人的奋斗的演变的总的趋势是越来越走向光明。人有了奋斗，才真正开始有了光明。人必须改变自己以适应奋斗的需要。人的奋斗是非常错综复杂的，绝不是用简单化的方式就能一劳永逸地获得的。人的奋斗具有不完善性是理所当然的。人的奋斗是从小到大逐渐演变扩大的过程。

人的奋斗的时间是受到限制的，人的奋斗的空间也是受到限制的。人的奋斗的发展阶段是受到限制的。人的所有奋斗都不是一成不变的，而是在不同程度上有所发展的。人的奋斗是一步一步地向上发展的。人的奋斗经历着一个转变的过程。人的奋斗是有开端的。人的奋斗都是非常困难的，需要人有耐力。人的奋斗与困难是分不开的，人的奋斗与人的耐力也是分不开的，人的奋斗与人的努力更是分不开的。人要奋斗就要经历漫长的艰辛的路程。人的奋斗是有一个发展过程的。人的奋斗是在不断发展着的。人的奋斗是并不容易的。人的奋斗是需要很多努力的，绝不能一蹴而就。人的奋斗是需要很多积累的。人能积之既久，必经奋斗。

人的奋斗是源远流长的。人的奋斗是有意义的。人的奋斗是困难的。人只有努力才能奋斗。奋斗开头难。奋斗是需要不断完善的。人的奋斗的完善是很困难的。人的奋斗是有根据的，人的奋斗的完善也是有根据的。人的奋斗是很伟大的，人的奋斗的完善也是很伟大的。人的奋斗是积累起来的。积累对于人的奋斗是十分有意义的。积累在人的奋斗中占有重要的地位。

人的奋斗的过程是十分复杂的，也是十分曲折的。人的奋斗的可能性是存在的，人的奋斗的现实性也是存在的。人的奋斗的过程是一个渐变的过程。人的奋斗会越来越大，人的奋斗会越来越完善。人总会不断地前进的，在任何时候也不会停步不前的，在任何情况下都不会放弃奋斗，人时时处处都在努力奋斗，这是人奋斗的规律，也是人发展的规律。人的奋斗洋溢着活力。人的奋斗洋溢着勇往直前、永远不退缩的生命力。人的奋斗在人的生命里占很重要的地位。

人的奋斗是有生命力的。人的奋斗是有光明的。人的奋斗的历史是光荣的。人的现在的奋斗是伟大的，也是不完善的。人的未来的奋斗一定是光明的。人的奋斗是美丽的。人的奋斗蕴涵着开始。人的奋斗的路是很艰苦而悠长的。人要奋斗，就要克服各种各样的困难，就要有耐心和毅力，就要勤奋和努力。人的奋斗是人的光荣。人的奋斗是一个永无止境的历史过程。

## 第七节　小　　结

人们应该重视奋斗的基本特征。奋斗具有社会性、相对性、多样性、充实性、时代性和不完善性等特质，而且这些特质总是随着历史的变迁而处于自然的发展演进中，同时奋斗的社会性、相对性、多样性、充实性、时代性和不完善性是有着原始的、内在的统一性的。因此，人们不仅要唯物地理解奋斗，而且要辩证地理解奋斗。这才是对奋斗的正确态度，而且是对奋斗的真正正确态度。

# 第三章　奋斗的本质

人的奋斗能够把人召唤入人的转变之中。在奋斗中，人的伟大能够得到命名。从奋斗中，人们可以看出人的认识活动和实践活动的深入程度和艰苦程度。人的奋斗是出于人的认识活动和实践活动的必然性的。人的奋斗须进入人的认识活动和实践活动规定的处所，须进入人的认识活动和实践活动规定的真理之中。人的奋斗是以人的认识活动和实践活动的真理为指归的。人的奋斗的本质体现在奋斗与根据、奋斗与规律、奋斗与条件之中。

## 第一节　奋斗与根据

人的奋斗是有根据的，更确切地说，人的奋斗是必然有根据的。人在奋斗中，人就有了其本质。只有在奋斗中，人才能看到，什么在人的奋斗中发挥作用。人的奋斗的真正本质是由人的奋斗的真实存在所决定的，是由人的奋斗的真理所决定的。奋斗者是处于奋斗之中的。只要人奋斗，人的奋斗就贯通着人的认识活动和实践活动。人的奋斗是以自己的方式在人的认识和实践中起着决定作用的。

人的奋斗从来不是一种纯然现存的状态，而是一种生发。人是建基于人的奋斗中的。人的奋斗建立着人的世界。在人的奋斗中发生着人的奋斗的真理。人在奋斗中是能够进入人的奋斗的真理之中的。人只要奋斗，就要进入人的奋斗的状态之中。在人的奋斗中人的奋斗的真理是发挥作用的。人的奋斗需要人的奋斗的因素进入人的奋斗之中。人的奋斗始终是关涉人的奋斗的因素的。人的奋斗的本质是包含人的奋斗的真理的发生的。

人自始是从人的奋斗的真理出发，来规定人的奋斗的本质的。人的奋斗的真理只有在人的奋斗中才能得到揭示。那么什么是奋斗呢？人只有在现实的奋斗中才能寻找到人的奋斗的本质。人的奋斗的现实性是由在人的奋斗中发挥作用的东西来规定的。人的奋斗就建基于此。人的奋斗的真理之生发是在人的奋斗中发挥作用的。在人的奋斗中发挥作用的东西是在人的奋斗中发挥作用的。

人只有在人的奋斗中，才能找到人的奋斗的现实性。人的奋斗显然只有根据人的奋斗的过程才可能得到把握。因此，人只有懂得去深入领会人的活动，才能切中人的奋斗的本源。人的活动是由人的活动的本质来决定的。人的奋斗是由人的奋斗的本质来决定的。人的奋斗与人的奋斗的本质是相关联的。人的奋斗是历史性的。人的奋斗的真理是处于人的奋斗的形态中的。人唯有奋斗，人的奋斗才表现为现实的。

要是人没有奋斗，那么人的奋斗便无法存在，因而人的奋斗本质上需要奋斗者。谁真正地知道奋斗者，他也就知道奋斗者在奋斗中的意愿是什么。人的奋斗具有各个不同的范围。人的奋斗只有进入人的认识和实践中，才能被揭示出来。人只有通过人的认识活动和实践活动才能经验到人的奋斗。在人的奋斗中，人的奋斗的真理是在起作用的。人的本质唯有通过人的奋斗才能显露出来。

人在人的奋斗中是能够发现人的奋斗的本质的。人的奋斗的真理在人的奋斗中起作用，而且是以人的奋斗的方式起作用的。人的奋斗唯有在认识和实践中才是现实的。人的奋斗总是包含着人的奋斗的未曾展开的丰富性。每当人奋斗时，人的奋斗就进入人的历史性的本质之中。人的奋斗本质上是历史性的。真正说来，人的奋斗是为人的历史建基的。人的奋斗乃是根本性意义上的人的历史。

人的奋斗让人的奋斗的真理显现出来。人的奋斗是使人的奋斗的真理在人的认识和实践中显现出来的源泉。人的认识和实践的本源乃是人的奋斗。人的奋斗乃是人历史性地生成的方式。对人的奋斗的沉思对于人而言是必不可少的。人的奋斗能够为人准备空间，能够为人提供道路，能够为人准备地盘。人的奋斗必然是人的认识和实践的本源。人的奋斗的关键在于洞察人的奋斗的特性。

人的奋斗的本源是从人的奋斗的真理方面来思考的。当人奋斗时，人的奋斗便在人的认识和实践中显现出来。在人的奋斗中蕴含着人的奋斗的现实性。人的奋斗的现实性就是人的奋斗的事实性。人在奋斗中，人的奋斗的含义是能够得到规定的。实际上，人的奋斗是根据人的奋斗的活动来理解的。这个事实是人们不可忽视的。

人的奋斗是以认识方式和实践方式存在着的。人的奋斗在人的认识和实践中能够成为存在着的东西。人在奋斗中是能够得到决定性的规定的。人的意义从人的奋斗中是能够得到规定的。人的本质从人的奋斗中是能够得到规定的。奋斗乃是人的奋斗，没有人便无奋斗。对于人来说，深感困难的是，要在奋斗道路的不同阶段上始终以恰到好处的奋斗来进行。

人的奋斗能够为人的本质形态奠定基础。对人的奋斗的充分沉思，必定可以让人在奋斗中认识人的奋斗的基础。人的奋斗绝不是任意的。人的奋斗是人进步的基础。人的奋斗对人进步来说是必需的。人的奋斗的固有的本质力量能够直接明显地在人的认识活动和实践活动中发挥作用。人的奋斗对人来说是决定性的和约束性的。人的奋斗能够在人的认识活动和实践活动中起着决定作用。

人的奋斗能够对人的整体起着支配作用。人的奋斗在人的认识活动和实践活动中是能够获得表达的。人的奋斗在展开过程中是能够被体验的。人只有奋斗，人的奋斗才是可能的，人的奋斗才具有伟大性。人的奋斗只有在人的认识和实践的视界内才能得到理解。有人的认识和实践，就有人的奋斗起着支配作用。人的奋斗能够为人的认识和实践准备可能性。

人的奋斗是根据与人的认识和实践的关联而得到规定的。人的奋斗唯有在人的认识和实践的基础上才有可能。人的奋斗对人是具有约束力的。人的奋斗是有具体范围的。人的奋斗是在人的认识和实践中获得其本质的。唯当人的奋斗通过人的认识活动和实践活动而得到了确证之际，人的奋斗才能成长起来。人的奋斗只有进入人的认识活动和实践活动之际，才能为人的未来的历史做准备。

人的奋斗是在人的认识领域和实践领域上来理解的。人的奋斗乃是人的奋斗的过程。人只要奋斗，人的奋斗就必然对人的认识活动和实践活动发生作用。人只要奋斗，人的奋斗就不仅对人的具体的认识发生作用，而且对人的具体的实践发生作用。人的奋斗是在人的认识活动和实践活动中成其本质的。人的认识活动和实践活动是人的奋斗的本质方式。人的奋斗存在于人的认识活动和实践活动中。

人的奋斗通过人的认识活动和实践活动是能够显现出来的。人奋斗的东西乃是真实存在的东西。人的奋斗是有前提的。人的奋斗只能从人的认识和实践的过程中产生。人的奋斗的过程乃是人的认识和实践的发展进程。人的奋斗的过程乃是人的认识和实践的一个必然的发展进程。人的奋斗必定在人的历史中显现出来。人的认识和实践从人的奋斗中是能够获得方向的。

人是能够以奋斗的方式把自己与人的认识活动和实践活动联系在一起的。人的奋斗初看起来是任意的，实际上则不然。倘若没有人的认识活动和实践活动，人的奋斗是不可能发生的。如果没有人的认识活动和实践活动，人的奋斗是不能成其所是的。随着人的认识活动和实践活动，人的奋斗总是不断变化的。随着人的奋斗，人的认识活动和实践活动也总是不断变化的。

人在奋斗中是能够指出人的认识道路和实践道路的方向的。人的奋斗是以认识的方式和实践的方式成其本质的。人在奋斗中关心的是奋斗因素。人的奋斗与人的认识活动和实践活动有着本质的关联。人的奋斗本质上必然地并且原始地与人的认识活动和实践活动相关联。在人的认识活动和实践活动中，人的奋斗的本质是能够得到规定的。人的认识活动和实践活动只有从人的奋斗中才能取得其可靠性。

在人的奋斗的每一个阶段，总是显现出人的认识道路和实践道路的一段。人的奋斗的道路乃是人在奋斗的过程中开辟出来的。人的奋斗是有期望的。人的奋斗对于人而言是一种根本性的帮助。人在奋斗之际是要保持在人的奋斗的正确道路上的。人要从对人的奋斗的沉思中接受教导，并且借助于这种教导来学会沉思人自己。人在奋斗中是能够形成自己的基本立场的。

## 第二节　奋斗与规律

人的奋斗是有规律的，更确切地说，人的奋斗是必然有规律的。人的奋斗是有作用力的。人的奋斗是有生命力的。人在奋斗中是能够深刻地推动人的奋斗的展开的。人在奋斗中是能够深刻地推动人的认识活动和实践活动的展开的。人的奋斗乃是人的认识活动和实践活动的构成部分。人的认识活动和实践活动的本质就在人的奋斗的历史性活动之中。人的认识活动和实践活动的本质在人的奋斗中是能够经验到的。

人的奋斗是能够从根本上改变人的。与此相对，首要的事情是人要对奋斗展开沉思。人的奋斗的过程是一个历史性的过程。人的奋斗的法则是人的历史的法则。人的奋斗的逻辑是人的历史的内在逻辑。人的奋斗的规律是人的历史的内在规律。对人的奋斗的充分清晰的理解，乃是理解人的认识活动和实践活动的钥匙。人的奋斗之为人的奋斗，是出于人的奋斗是起作用的。

人的认识活动和实践活动是以人的奋斗为根据的。因此之故，唯从人的奋斗的本质而来，人的认识活动和实践活动才能得到充分的理解。奋斗是每个人都能经验到的。人在奋斗中是能够获得认识的可能性和实践的可能性的。人的奋斗构成人的提高的条件。人的认识活动和实践活动取决于人的奋斗。人的奋斗能够激发人成其本身，并且能够激励人去超越自身。

人的奋斗的真理是植根于人的认识活动和实践活动的。人是在人的认识和实践的意义上来思考人的奋斗的。在人的奋斗的开端处，人的奋斗已经是历史性的。人是有伟大之处的。根据人的奋斗，人的本质是能够得到规定的。人的本质是能够根据人的奋斗的本质而得到规定的。在人的奋斗中包含着与人的本质的关联。只有把人的奋斗与人的本质放在一起加以思考，人的奋斗的基础和视界才能被确立。

人的奋斗是一个过程。这样来看，人的奋斗的历史在其本质上就是一种与人本身同时进行的历史。人的奋斗是在人的奋斗的过程中而成其本质的。人的奋斗的本质归属于人的历史。人的奋斗是在人的历史中而成其本质的。奋斗者从奋斗而来是其所是并且如其所是地奋斗。唯当人已经体会到人的奋斗的本质的时候，人才能启程真正的奋斗。人是能够领会人的奋斗的本质的。

由于人的奋斗，人便获得了人赖以生存和发展的基础。人的奋斗是人进入奋斗之际才发生的。人的奋斗乃是人的追问的道路。人的奋斗是人的美好的时机。没有人的奋斗，人是无法想象的。人能有奋斗，人就能是生机勃勃的。人能一直有奋斗，人就能一直是生机勃勃的。人能有奋斗，人就能是幸福满足的。人能一直有奋斗，人就能一直是幸福满足的。人能彻底有奋斗，人就能彻底是幸福满足的。

人能有奋斗，人所拥有的一切才能有意义。人的奋斗只有在人的奋斗的领域中才能得到理解。人的奋斗是人生存和发展的基础。人只有奋斗，人才能得以进入人的整体之中，并居留于人的整体的基础之中。人的奋斗规定着人的本质。哪里有人的奋斗，哪里就生出人的拯救。人的奋斗乃是人的基础。人在奋斗中是能够展开人的丰富性的。人的奋斗是能够触动人的东西。

人的奋斗能够把人带入人的认识领域和实践领域中。人的认识和实践在人的奋斗中变成持续的活动。人的认识和实践在人的奋斗中是有所呈现的。人的奋斗是在人的认识和实践中成其本质的。人的奋斗由于处在人的认识和实践中，人的奋斗才成其本质。人的奋斗的过程是非同寻常的。因为只有奋斗者才能奋斗，所以奋斗只是有时发生的。人的奋斗始终是艰难的。

人的奋斗是在人的认识和实践中显现出来的。唯有在人的认识和实践中，人的奋斗才能显现出来。人的奋斗是基于人的认识和实践的，并且是要求着人的。人的奋斗是能够给人提供力量的。人的奋斗决定着人。在人的奋斗中，人的奋斗是保持为奋斗性的。人能够以奋斗的方式获得与人的认识和实践的活生生的关系。人的奋斗是有丰富的源泉的。人的奋斗唯有处在人的认识活动和实践活动之中才能获得其事实性。

人的奋斗是根据人的认识活动和实践活动而得到思考的。人的奋斗的基本前提是由人的认识活动和实践活动来满足的。人的奋斗是建基于人的认识活动和实践活动之上的。人在奋斗中是有真正要表达出来的东西的。人的奋斗与人的认识活动和实践活动是有联系的。只有在人的认识活动和实践活动的意义上才谈得上人的奋斗。人的奋斗是历史性地展开为奋斗性的东西的。

人的奋斗能够把人带入可能性中。人的奋斗保持着人的奋斗的时代因素。人的奋斗只有基于对人的认识活动和实践活动的理解才是可能的。人的奋斗当然是不可避免的。如果人要进行奋斗，那么人就必须从根本上来思考奋斗。人的奋斗不仅包含着生成，而且在本质上承担和创造着生成。人的奋斗是根据人的认识活动和实践活动而构成的。人的奋斗是人在认识活动中和在实践活动中要思考的东西。

唯当人奋斗之际，人才真正地奋斗。人根据人的奋斗来理解人的认识活动和实践活动。人的奋斗本质上是关联于人的当前的。人的奋斗与人的当前的认识活动和实践活动是结伴而行的。人在奋斗之际，让自己在奋斗中成其本质。人的奋斗是从人的认识方面和实践方面被经验的。在人的认识和实践中隐藏着人的奋斗的被思及的本质。人的奋斗是在人的认识和实践中获得命名的。

人的认识活动和实践活动规定着人的奋斗，使人的奋斗进入其本质中。人的奋斗是从人的认识活动和实践活动中产生的，是在人的认识活动和实践活动中产生的。人的奋斗是在人的认识活动和实践活动中现身而成其本质的。人的奋斗在人的认识活动和实践活动中展开自身。人的一切奋斗始终都处于人的认识活动和实践活动中。于是乎，处于人的认识活动和实践活动中，就是人的一切奋斗的本质。

人通过奋斗，就能保持认识状态和实践状态。于是，人的奋斗就是在人的认识情况下和人的实践情况下成其本质的。人的奋斗是有本质性的和原始性的含义的。人的奋斗是就人的认识活动和实践活动而言来命名的。人的奋斗是归属于人的认识活动和实践活动的。在人的认识活动和实践活动中，人的奋斗被思考为人的认识活动和实践活动的本质因素。哪里有人的奋斗，哪里就生出人的拯救。

如果人的本质乃基于人的奋斗，那么人就必须奋斗。人的奋斗与人的本质是有事实关联的。人的奋斗在人的认识活动和实践活动中是秉有自身的分量的。人的奋斗在人的认识活动和实践活动中是能够有大的进展的。人的奋斗能够显现人的多维度的、艰苦的历程。人的认识活动和实践活动，实际上都是以人的奋斗为基石的。人的奋斗在人的认识活动和实践活动中是具有普遍的启示性意义的。

人的奋斗在人的认识活动和实践活动中是具有根本内涵的。人应该对奋斗有一个全面的把握。对于人的认识活动和实践活动，人们都必须立足于人的奋斗来加以分析和透视。人的世界是人的奋斗的世界。人的时代是人的奋斗的时代。人的奋斗对人的帮助是很大的。人的奋斗对于人的认识和实践的进展是很有意义的。因此，人的奋斗对于人的品质的提高是能够有很大帮助的。

人的奋斗是无止境的。人的奋斗乃出自人的认识活动和实践活动的必然性。在人的认识活动和实践活动中，人不仅是需要奋斗的，而且是需要领悟奋斗的。人的奋斗在人的认识活动和实践活动中有其本质。人的奋斗在人的认识活动和实践活动中显现自身。人的奋斗所具有的魅力是存在于人的认识活动和实践活动之中的。因此，只有当人奋斗之际，人的奋斗才能在人的认识活动和实践活动中显现出来。

人的奋斗是通过人的认识活动和实践活动而显现的。人的奋斗是在人的认识活动和实践活动中发生着的。人的奋斗是在人的奋斗的过程中发生着的。人的奋斗的过程是人的奋斗的本质根据。人的奋斗的本质的东西就存在于人的奋斗的过程之中。人对奋斗的本质是能够有丰富的体验的。人的奋斗是人的奋斗着的东西。人是能够把人的奋斗的东西经验为人的奋斗着的东西的。

## 第三节　奋斗与条件

人的奋斗是有条件的，更确切地说，人的奋斗是必然有条件的。人的奋斗是有人能掌控的条件。人的奋斗是有本源的。人的奋斗是能够得到展开的。人的奋斗是能够规定人的。人的奋斗是具有原始的意义的。的确，人通过奋斗，就会获得人的认识活动和实践活动的当前性。人的奋斗乃是人的历史性的本质。人的奋斗包含着人对认识活动和实践活动的呼唤。人的奋斗是可变的。

人的奋斗是在人的认识活动和实践活动中实现的。人的奋斗的领域是人的认识领域和实践领域。因此，人的奋斗的本质必得从人的认识活动和实践活动那里获得理解。人的奋斗是对人的认识活动和实践活动的原始命名。人的奋斗是具有历史性的。人的奋斗在人的认识活动和实践活动中是能够得到规定的。人的奋斗必定只有从人的认识活动和实践活动中才能得到规定。

人的奋斗的本质是在人的奋斗中显现的。人在奋斗中是能够认识到人的认识和实践的意义的。人的奋斗是生成的。人的认识活动和实践活动是通过人的奋斗来促成的。人的奋斗能够为人的认识活动和实践活动提供支撑。人的认识活动和实践活动是需要人的奋斗的作用的。人的奋斗在人的认识活动和实践活动中是起中介作用的。人的认识活动和实践活动是需要人的奋斗的中介作用的。

人的奋斗的意蕴只有在人的认识活动和实践活动中才能得以道出。人的奋斗的本质是在人的认识活动和实践活动中得以促成的。人的奋斗是人的原初的召唤。人的奋斗被人的认识活动和实践活动所召唤。人的奋斗对人的认识活动和实践活动是有所道说的。人的奋斗就是人在认识和实践时要表达出来的东西。人的奋斗能够道出人在认识和实践时的品格。人的奋斗能够使人理解人的认识活动和实践活动的真正本质。

人的奋斗是始终蕴涵着真理的。人的奋斗本质上是为了人的认识活动和实践活动。人的奋斗是有源泉的。人的奋斗的真理是在人的奋斗中要表达出来的东西。人的奋斗是能够把人奋斗化的。人处在奋斗中，人也就奋斗化了，人也就处在奋斗化中了。人在奋斗中是能够了解人的认识活动和实践活动的方向的。人的奋斗能够向人指出人的认识活动和实践活动的方向所在。

人的奋斗能够使人置身于人的历史性的本质之中。人的奋斗是人意愿的。人的奋斗蕴含着人的自觉准备。由于人的奋斗，人便进入了人的奋斗的历史中去了。人的奋斗对于人的认识活动和实践活动来说是不可或缺的。所以，人的奋斗是困难的事情。人的奋斗是不可忽视的。人是植根于其奋斗的基础的。人的奋斗是人的本源和本根。人的奋斗是有正确的方向的。人的奋斗的时间和空间是能够被确定下来的。

人是需要奋斗的。人的奋斗是有许多个阶段的。人的奋斗能够给予人以一切人应有的东西。人的奋斗能够让人原始地进入其本质的高贵中。人的奋斗与人是相互归属的。人是受人的奋斗的指引的。在人的奋斗中，人是决定性的。人的奋斗是有领域的。人的本质是从人的奋斗的领域而来得到规定的。人的奋斗是由人所奋斗的东西来规定的。人的奋斗是历史性的东西。

人的奋斗对人是起过渡作用的。人的奋斗对人是起中介作用的。人的奋斗必然在本质上规定着人的本质起源。人的奋斗必须根据人的意义来思考。人的奋斗是在人的认识活动和实践活动中成其本质的。唯当人奋斗时，人才能收获到人的奋斗的果实。人的拯救的可靠性是指望着人的奋斗的。人由于奋斗而成为崇高的人。人的奋斗是具有丰富性的。人的奋斗在人的认识活动和实践活动中得到显现。

人的奋斗是能够得到经验的。人只有奋斗，人的奋斗的果实才会成熟。人的本质是在人的奋斗中得到奠基的。若没有人的奋斗的过程，则人的奋斗的任何果实都不能够成熟。如果人有奋斗，那么人的奋斗就能够为人所使用。因为人的奋斗能够体现在人的本质之中，所以人必须始终思考人的奋斗的表现。人在思考人的奋斗之际，人的奋斗是能够得到正当使用的。

人唯在奋斗中，人的本质才得以成熟和保持。人的奋斗的确能够对人起着飞跃作用。人在奋斗中是能够得到规定的限制意义的。人在奋斗中是能够得到满足的。人的奋斗不是现成的东西。人的奋斗乃是其必然是的东西。人在奋斗中是能够实现人的可能性的。人在奋斗中是能够成其本质的。人在奋斗中必须顺应于人的奋斗的条件。只有这样，人的奋斗的规律才能显示出来。

人的奋斗的东西是人所意求的东西。对人的奋斗的思考对人来说是美好的。人的奋斗能够为人的认识活动和实践活动奠定基础。人的奋斗是美好的。在人的认识活动和实践活动中存在着确定的东西，因此需要人的奋斗。在人的认识活动和实践活动中存在着不确定的东西，因此也需要人的奋斗。人的表现是能够由人的奋斗来规定的。人的奋斗是能够在人的认识活动和实践活动中起支配作用的。

人的奋斗能够决定人依本源而行。人的奋斗能够对人具有决定作用。人能够奋斗，人就能够进入到人的认识活动和实践活动的本质中。人的奋斗能够让人的认识活动和实践活动的本质显现出来。为了能够让人的认识活动和实践活动的本质显现出来，人必须奋斗。人只有奋斗，人的奋斗的本质才能显现出来。人的奋斗只有在人的奋斗中才是可见的。

人在奋斗中能够让人的奋斗的本质显现出来。人的奋斗的本质就是让真的东西在真的筹划中显现出来，让善的东西在善的筹划中显现出来，让美的东西在美的筹划中显现出来。人的奋斗是有方向的。人在奋斗的时候是知道奋斗的方向的。只有奋斗，人才能茁壮成长。人的奋斗能够说明人的一切。因此，人的奋斗是人的不可避免的东西。

在人的奋斗的领域里，人是能够经验到人的奋斗的东西的。人的奋斗能够把人带上通向人的希望的道路。人在奋斗中知道：人的奋斗的位置是一个人的本质的位置。人的奋斗是人的开端。人的奋斗是能够展开人的本质的丰富性的。人的本质的丰富性是能够在人的奋斗中清晰分明地得到表达的。人在奋斗中得以成其本质。唯当人奋斗着，人的认识活动和实践活动才能得到奠基。

唯有奋斗中的人，才会变得足够强大，去胜任人的认识活动和实践活动。人的奋斗的真理是在人的奋斗中得到显现的。人在奋斗之际是能够把自身固定在人的奋斗的本质基础之中的。人的奋斗能够向人指引人的奋斗的本质。人的奋斗能够向人指引人的奋斗的真理。人的本质通过人的奋斗是能够得到显现的。人的奋斗能够把人带入人的奋斗开启出来的区域之中。

人的奋斗就是人的本质。人的奋斗为人指引并且奉献基础。人是能够进入奋斗之中的。人的奋斗是能够存在着的。人的奋斗是人所必需的。人的奋斗能够对人产生作用。人的奋斗是在人的认识活动和实践活动中展开的。人的奋斗的规定是能够在人的认识活动和实践活动的意义上来思考的。人的奋斗与人是无限地相互归属的。人在面对奋斗时，就必须思考奋斗。

人的奋斗的道路是在人的认识活动和实践活动中得到规定的。人的奋斗是在人的认识活动和实践活动中显现出来的。人的奋斗乃是人的认识活动和实践活动的召唤。人的奋斗只有在人的认识活动和实践活动中，才成为有价值的东西，才成为宝贵的东西。人的奋斗是以人的认识活动的方式和人的实践活动的方式进行的。人的奋斗是能够成为其实际上所是的东西的。

## 第四节　小　　结

人的奋斗能够规定着人，规定着人的时代。人的奋斗是能够在人的认识活动和实践活动中起着支配作用的。人的看不见的奋斗比人的看得见的奋斗更强大。人的奋斗是能够在人的认识活动和实践活动中起着中介作用的。人的奋斗能够被召唤人人的认识活动和实践活动之中。人的奋斗能够把人的认识活动和实践活动庇护起来。人在奋斗中能够道说：人的奋斗的特性何在，人的奋斗的特性有何根据。

人只有在奋斗时才能切中人的奋斗的特性。人的奋斗是与人相关涉的。人的认识活动和实践活动是以人的奋斗为依据的。所有的人都注定有自己的奋斗。所有的人都选择自己能选择的奋斗。当人奋斗时，人的奋斗的特性就能得到经验。人的奋斗是有困难的。人的奋斗能够把人带入困境之中。人的奋斗是有领域的。人通过奋斗能够让人所奋斗的东西显现出来。人的奋斗能够把人指引到人的奋斗的方向上。

人只有在奋斗中才能领悟奋斗。人的奋斗显现着人的响应。人的奋斗是能够保护着人的。人在奋斗中是有位置的。因此，人始终必须进入到奋斗之中。人的奋斗的道路能够把人引向人的认识活动和实践活动。人的奋斗能够把人导向人的认识活动的道路和人的实践活动的道路。通过奋斗，人能够变得具有积极性、主动性、创造性，人能够变得具有能动性。

第二编

# 奋斗为什么

“当是”与“实是”表明我们所提及的事物有些潜在地“是”，有些则为完全实现的是。

——〔古希腊〕亚里士多德《形而上学》

# 第四章 奋斗与人

人是跟奋斗在一起的。奋斗与人是共属一体的。奋斗与人相互规定。人完完全全地关联于奋斗。奋斗起源于人，因此归属于人。人本身就在人与奋斗的关联的时机中。奋斗与人是相互紧密联系在一起的。

## 第一节 认识奋斗

人的奋斗有时候是非常快乐的，有时候是非常痛苦的。人的奋斗是人的决定性的表现方式，如果人们认识不到这点，那就不能很好地理解人。人的奋斗确实能够给人带来尊严。人的奋斗确实能够让人得到发展。人的奋斗能够赋予人以特殊的魅力和地位。正是基于人的奋斗，人的认识过程和实践过程才得以生发出来。在人的认识过程和实践过程中，人的奋斗是决定性的。

如果人有奋斗，那么人的奋斗就必定有真理。要不是根据人的奋斗之真理，人的奋斗从哪里做出决断呢？人的奋斗乃是一种指引。如果人有奋斗，那么人的奋斗就能给人以指引。为了使人的奋斗变成一种推动力，人的奋斗之真理必须得到经验，并且必须为唤醒和加强人的奋斗的力量而发挥效力。人的奋斗于自身中是带着自己的尺度的。人的奋斗是以人对人的奋斗的理解为前提的。

人的奋斗是设定目标的。人的奋斗的目标能够预先规定人的奋斗域的奋斗状态。人的奋斗乃是一个承荷着过渡的时机。人的奋斗的时机绝不能现实地被固定起来，更不能被计算出来。人的奋斗是可觉知的。人的奋斗是以人为基础的。人在奋斗中面临一种本质性的转变。正是借助于人的奋斗，历史的人才达乎自身。人的奋斗原始地是人的时机之所。人的时机之所乃从人的奋斗中本质性地现身。

奋斗需要人，方使得奋斗本质性现身。人则并不同样地需要奋斗。人的奋斗是能够为人的开端做准备的。人因此是能够在人的奋斗之真理中被建基的。在人的历史中，人赢获了奋斗的领域。人的奋斗是归属于人的历史的。人在奋斗中是能够阐明人的历史的本质的。人的奋斗是通向人的历史的本质的道路的。人的历史性建基于人的时间性。人的时间把人的历史的本质纳入自身中。人的历史性解释就包含着人的时间的指引。

人的奋斗乃是人的努力。人的奋斗之所以是开端性的，只是因为人的奋斗必将成为将来的。人的奋斗是具有原始意义的。人的奋斗始终是一个开端。在任何情况下，人的奋斗各有千秋。人的奋斗通过什么成为人的奋斗？人的奋斗只成为人的奋斗所是的东西吗？如果是，那么人的奋斗是什么呢？人的奋斗必定源发于人的奋斗最本己的本源本身。因此，人的奋斗地地道道是有主动性的。

因为人的奋斗乃是历史性的奋斗，所以人的奋斗就必然地成为关于人的奋斗的历史的问题。人的奋斗是能够推动着人的。人的规定性实际上完全是以人的历史性及其与人的关系为前提的。人的奋斗能够永远地献身于人的进步。人的进步根本上是有着人的奋斗的起源的。人的奋斗因而是能够开辟出人的进步的道路的。人的奋斗是与必然性相联系的。人的奋斗只有根据人的奋斗之真理才能得到把握。

人的奋斗是必定生发出来的。人的奋斗乃是必然的。人的奋斗的别具一格之处乃是人的奋斗的主动性的本质。人的奋斗能够为人的将来做好准备。人的奋斗对于人的将来是决定性的。人的奋斗在人的将来中起着支配作用。人的奋斗与人的将来是关联的。人的奋斗是能够从人的将来角度得到规定的。人的奋斗与人的将来是相互归属的。人的奋斗是生长起来的，人的将来也是生长起来的。人的奋斗是处于与人的将来的联系之中的。人的奋斗乃是对人的将来的指引和回响。人的将来在人的奋斗中得到了准备。

人的奋斗是什么呢？人的奋斗指的是人的奋斗状态。人的本质是要在人的奋斗中得到把握的。人从奋斗中是能够获取其必然性的。人的奋斗是一条人在其上行进的道路。人必须与奋斗一道行走某一段路。人的转变乃是与关于人的奋斗之真理的知晓紧密交织在一起的。人的转变意味着人的本质变得不同了。人的奋斗的立足点总是各不相同的。人在奋斗中是能够彻底地转变自己的。人在奋斗中是能够发生本质性的变化的。人的变化的规模是能够得到规定的。

人的奋斗其实首先要通过道路才成其所是。在奋斗中，人整体每每都必须被置于决断中。人的奋斗向来只有在一个视野中才能成功。通过人的奋斗的道路，人的奋斗才变成可认识的。人在奋斗中是能够找到一个真理之生成的处所的。人的奋斗本质上乃是一种历史性的奋斗。人的奋斗之真理乃是人的真理之奋斗。人的奋斗乃是由人来承担和实现的。人的奋斗是能够取得前所未见的规模的。

人的奋斗只能从其本质性的显现出发而得到规定。人是能够使奋斗成为必然的。奋斗是人人可以通达的。人类的所有的成就都是以人的奋斗作依靠的。人的奋斗因而为人的规定做了准备。人的奋斗的证据是由人的整个的历史提供出来的。人的奋斗是一种使人获得清晰的坚定性的力量。人是要与奋斗结伴而行的。正是借助于奋斗过程，人方得以把存在之真理建基于由奋斗造成的庇护中。

人的奋斗对人是有约束力的。人们习惯于把人的奋斗之时称为人的进步之时。人的奋斗乃是人的进步建构的基础。人的奋斗对于过渡来说是将来的，因而是历史性的。人的进步是包含在人的奋斗的本质之中的。人的进步唯有基于人的奋斗才是可能的。自从人类诞生以来，奋斗一直都在发挥着作用。人的奋斗必须根据人的因素来理解。在奋斗中，人的因素必须确定地得到规定。人的奋斗是以人的因素为前提的。人的奋斗与人的因素是共属一体的。奋斗对于人来说是必不可少的。

人的奋斗能够给人提供充分的规定性。人的奋斗根本上是可理解的。人的奋斗具有历史性的本质。人的奋斗是能够为人的转变做准备的。人的奋斗能够在不知不觉中把人的转变培植起来。人的转变是植根于人的奋斗之中的。人的转变可以在人身上找到。人的转变是能够在人的奋斗中实现的。唯当人的奋斗的主导问题得到了把握，关于人的奋斗的主导问题的讨论得到了展开，人的奋斗及其历史方能变得明显可见。人的奋斗是有前提的。

人的奋斗能够规定着人的存在状态。人的奋斗是人的一条出路。人的奋斗永远是生成。人失去了奋斗，也必将失去其意义。人的奋斗是有可能性的。人的奋斗是人的财富。人的奋斗能够使人超越自身。人的奋斗对人具有转变作用。只要人有奋斗，人的奋斗对人就必定起着支配作用。因此，人的奋斗对于人的存在状态而言成为决定性的。人的奋斗能够使人的存在根据得到建基。人的奋斗之真理能够被建基为人的存在之真理。人的奋斗是有现实的意义的。人的奋斗对于人来说是独一无二的东西。人的奋斗是有必然性的。

人是能够在奋斗中得到规定的。人的规定是通过人的道路发生的。人的道路是通向人的规定的。人的道路是与人的规定相联系的。人的奋斗是能够构成人的存在状态的。人是在奋斗中发展起来的。人的奋斗能够把人带入展开过程中。人的奋斗对人总是具有引导作用。人的奋斗是有根有据的。人的奋斗可以通过道说来说明。人的奋斗实际上可以使人发生变化。人们能够通过人的奋斗来理解人。

人的时间应当可以被经验为人的奋斗之真理的绽出的空间。人的奋斗是历史性的。人的奋斗能够把人的历史带入其固有的基础之中。根据人的奋斗的真理之本质现身，人的奋斗是能够得到规定的。人的奋斗为了能够显现出来就需要最广大的澄明。人的奋斗是有意图的。人的奋斗是十分必然的。人的奋斗其实恰恰起于一种对人的奋斗之为人的奋斗的追问。

古希腊哲学家亚里士多德（Aristotle，前 384—前 322 年）在《形而上学》一书中说道："'当是'与'实是'表明我们所提及的事物有些潜在地'是'，有些则为完全实现的是。我们于见到尚潜在的事物与已实现的事物，总是都已见着；我们于认识那能实现的事物，与认识那正在实现着的事物总是都认识了；我们于已安定了的与可得安定的事物，也都算它是安定。"[①]亚里士多德提出了潜能与实现说，解释了世界的运动性和变化性。

德国哲学家马丁·海德格尔（Martin Heidegger，1889—

---

① 〔古希腊〕亚里士多德：《形而上学》，吴寿彭译，北京：商务印书馆，1959 年，第 94 页。

1976 年）在《论人的自由之本质——哲学的导论》一书中谈到存在时说道："存在者被以多种方式视为存在者。更简单而明确地说，我们以多种方式领会存在。"[①]

## 第二节　实 践 奋 斗

人的奋斗能够达到完美的力度。对人来说，奋斗从来不是人的目的，永远只是人通向人唯一的永恒的目的之路：去发现自己，去使自己得到快乐。人过去是什么人？人现在是什么人？人是能够说清楚的。奋斗需要人，方得以显现。人们能够从奋斗的变化中推导出过去的奋斗和未来的奋斗。未来的奋斗是能够成为当前的奋斗的。人的奋斗是具有转向特性的。人在奋斗中是能够经验到本质性的东西的。人在奋斗中一而再，再而三地碰触到这一点，那就是关于奋斗之真理的问题。

人的奋斗的无限性和有限性是能够得到规定的。人的奋斗必定与人的解释紧密地联系在一起。人的奋斗向来就有如此奋斗和如何奋斗。人在奋斗中是能够赢得人的奋斗的真理性的。因为人的奋斗是与历史相关联的，所以人的奋斗是历史性的。人的奋斗构成着历史。人为了奋斗，就不得不经历长时间的苦苦准备。人的奋斗是在进程中得到确定的。人的奋斗是与进程

① 〔德〕海德格尔：《论人的自由之本质——哲学的导论》，赵卫国译，北京：商务印书馆，2021 年，第 84 页。

联系在一起的。人的奋斗处于与进程的本质性关联之中。

人唯在奋斗中，才有其作为奋斗者的真理。通过奋斗，人从根本上被改变了。人在奋斗中的改变，唯有基于人的奋斗之真理才是可能的。人的奋斗是在人的奋斗的过程中得到完成的。人的奋斗与人的奋斗的过程有着本质的关联。人的奋斗的过程对于人的奋斗而言确实是根本性的东西。人的奋斗唯通过人的奋斗的过程才能得到建基。由此而来，人的奋斗唯通过人的奋斗的过程才能得到规定。人的奋斗的过程对于人的奋斗而言是独一无二的。

人的奋斗构成人的本质的基础。人的奋斗乃是过渡性的。人的奋斗的根据对于人的奋斗而言具有建基作用。人的奋斗能够把人带向根据。人的奋斗的真理乃是人的原始意义上的根据。人由奋斗是能够得到规定的。人的奋斗对人的指示必定是可能的。人的奋斗所承担的作用是变化的。人的奋斗对于人之为人整体的规定来说总是在起作用的。对人的奋斗的解释是受关于人的解释引导的。人的奋斗是有根据的。

人的奋斗是以多重形态显现出来的。随着人的奋斗，人与世界的关系发生了转变，而且人的奋斗之真理得到了经验。人的奋斗是以人的实践为前提的。人的实践是人的奋斗之真理建基的时机之所。人的奋斗的时机源起于人的实践的状态。人的奋斗过程正是在人的实践过程中获得真理的。人的奋斗之真理是在人的奋斗的本质性的意义上来讲的。人的奋斗是能够被经验为人的创造性的根据的。

人是历史性的人。人的奋斗是人的历史性的奋斗。人的奋斗是为人的历史建基的。人的奋斗之真理是存在于人的奋斗之中的。人的奋斗之真理是能够原始地得到经验的。人的奋斗之真理是深刻地处于根据之中的。人的奋斗能够把人的奋斗之真理引入人的奋斗之中。人的奋斗是可经验的。人的奋斗唯有根据人的奋斗的显现方可规定。人的奋斗是要从人的奋斗的显现出发来规定的。

人的奋斗乃是人之基础。通过人的奋斗，真理成为可通达的。人的正确奋斗乃是真理的根据。人的奋斗是从人的光明的角度来看的。人的奋斗只有在光明中、贯通光明才是可能的。人的奋斗承载着人的奋斗之真理。人的奋斗只有在真理的前提下才是正确的。人的奋斗是从真理的角度被理解的。人的奋斗是能够指引正确的道路的。人只有在奋斗中才能把握人的奋斗的要义。人的奋斗乃是一种光明。人的奋斗唯与真理关联才成为它自身。

人的奋斗本质上是历史性的。对于人来说，奋斗乃是人的生命的一个条件。人的奋斗是在其本质现身中得到规定的。人的奋斗是根据真理的本质来理解的。人的奋斗是能够承载和引导人的。人的奋斗是过渡性的。人在奋斗中是能够得到经验的。人的奋斗只有根据关于人的奋斗之真理的问题才是可能的。人的奋斗对于人的视野来讲是标志性的。人的奋斗是在当下化中变成可理解的。人的奋斗过程乃是一种当下化过程。

人的奋斗对于人的道路来说只不过是一个出发点而已。人的奋斗能够在时间和空间上得到规定。人的奋斗因而是一种确定的奋斗。人的奋斗是植根于时间和空间之中的。人的奋斗能够以时间化和空间化的方式为人建基。人的奋斗能够根据它的来源，从原初本质性的时间化和空间化来获得自身的规定性。人的奋斗乃是人生存和发展之基础。人在奋斗中既时间化又空间化，既生存化又发展化。人的奋斗的道路就是要以人的奋斗为定向来处理时间和空间。

人的奋斗能够把真理置入人的奋斗之中。人的奋斗的展开能够把真理置入人的奋斗的展开之中。因此，人唯在奋斗中才成为奋斗者。人在奋斗中是能够成其所是的。人在奋斗中既是存在的人又是建基的人。人在奋斗中使人的奋斗的真理之庇护变成可通达的。人的奋斗是需要得到准备的。人的奋斗是人的生存和发展的方式。人的奋斗是原始地对人的生存和发展起着调谐作用的主导情调。

人的奋斗对于人来说是可知的。人的奋斗的经验取决于人的回忆力量的大小，也取决于人的知识的支配性。人的奋斗不仅是属于现在的，而且是属于未来的。人借助于奋斗，不仅能够向现在开放，而且能够向未来开放。人在奋斗中是有内在的发生和广阔的伸展的。人的奋斗不仅决定着人的现在，而且决定着人的未来。人类的奋斗不仅决定着人类的现在，而且决定着人类的未来。

人的进步是以人的奋斗为其前提的。对于人的奋斗，人们只能根据人的奋斗的本质现身来加以经验。人只有在奋斗的时候，对人的奋斗的真理的启思才能获得成功。人的奋斗能够为真理的守护做好准备。人的奋斗必定是开端性的。人的奋斗是具有开端作用的。人的奋斗因而包含着从以往向未来的过渡。人的奋斗对人来说是本质性的。人的奋斗是相对于奋斗者而得到表达的。

人的奋斗在人的历史上是具有决定性作用的。如果人有奋斗，那么人就会是有所作为的。人在奋斗中是发挥作用的。人的奋斗是从人出发的，是把人设定为出发点的。人在奋斗中是能够找到真理的。如果人的历史要获得其本质根据，那么人就必须奋斗。人的本质转变是在人的奋斗中得到实现的。人是应该保持在奋斗的状态中的。如果人的奋斗从根基上要求着人，那么人就会有所改变，人就会有所转变。人的奋斗实现着人的基本立场的完成。人们总是关心什么是奋斗和什么应当奋斗。人们是能够找到和承认人的奋斗的必然性的。

人的奋斗是以历史性的真理为起源的。人在奋斗中是处在一种必然的状态中的。人的奋斗是只能由人来进行的，而且必须有一个好时机才能得以成就。人的奋斗对于人是具有奠基意义的。由此而来，对人的能动性的解释就可能经历一种本质性的澄清。人的奋斗从任何角度来看都还是有困难的。人在奋斗中是能够构造自身的。人的奋斗是有发展史的。人的奋斗是现实的。人的奋斗是有其道路的。

人的奋斗是有其历史性尺度的。由于人有奋斗，人才首先成为人。因为只有这样，人才能是奋斗者，并且作为一个奋斗者而存在。问题依然是：人的奋斗如何原初地发生，以及这种开端如何为人的历史奠基？人们必须知道人的奋斗是如何被发现的，人的奋斗被看作什么，什么被看作人的奋斗，人作为奋斗者保持着何种奋斗眼光。进而，人们必须知道人的奋斗的情形是如何的，人本身最终如何声称自己就是一个奋斗者。

人的奋斗具有过渡性的特征。人的奋斗是人进入人的奋斗之真理的通道。人的奋斗之真理是在人的奋斗中得到酝酿的。人的奋斗能够为人提供指引。人的奋斗之真理对人的奋斗是起着支配作用的。实际上，人只有奋斗，人的奋斗之真理才是可能存在的。人的奋斗之真理是在人的奋斗中显现的。这也意味着，人的奋斗是在人的奋斗中得到规定的。人对奋斗的理解是从人的奋斗的显现得到规定的。

## 第三节　珍惜奋斗

人的奋斗是由人的奋斗的条件来制约和规定的。人的奋斗是由有待奋斗的东西来规定的。人是能够从奋斗中获得其本质的。人在奋斗中是能够得到引导的。人的奋斗是有其根据的。人的奋斗归属于人的奋斗的根据。人的奋斗是可能性，是绝不现成的东西。人的奋斗乃是奋斗者的条件。人只要有奋斗，就必定要经验奋斗，就必定要进入奋斗之真理中。人的奋斗令人忆及人的奋斗的真理，因此人的奋斗的真理就归属于人的奋斗。

人的奋斗就在于人的奋斗的过程。人的奋斗必定会成为人的奋斗所是的。人必定会成为人所是的。人的奋斗乃是人有所奋斗的过程。人的奋斗是有本质的分量的。人处于奋斗之中就处于人的奋斗的本质的分量之中。只要人把自身建基于奋斗中，人就具有自己的奋斗的本质。人根据奋斗是能够被理解的。人的奋斗是历史性的奋斗。人在奋斗中是能够把自己构造起来的。人在奋斗中是能够把自己扩建起来的。正是与奋斗相关联，人就在奋斗的意义上得到了说明。

人在奋斗中是能够生长起来的。人的奋斗与人的依赖关系是显而易见的。人的奋斗不仅是具有历史性的，而且是具有创造性的。人的奋斗的历史性和创造性是在人的奋斗的过程中得到酝酿的。人的奋斗是有待展开的。只要人的奋斗是人的基础，那么在人的奋斗中就包含着适度的调节。对人的奋斗的理解乃是对人的理解的必要前提。人的奋斗的理由是相当充分的。人的奋斗对人而言是相当重要的。人的奋斗能够为人提供有益的帮助。

人是奋斗所需要的。人的奋斗就是人的一种理解和解释。人的奋斗能够为人的生存和发展留下空间。人的奋斗是具有指引作用的。这样，在人的认识和实践中，人的奋斗起着支配作用。因此，人的奋斗是在人的认识和实践中起作用的。人的奋斗与人的认识和实践有何干系呢？答曰：关系大矣。因为人的认识和实践是基于人的奋斗的。在人的认识和实践的领域中包含着目的和手段，包含着人的奋斗的东西。

人的奋斗是一种解蔽方式。人的奋斗乃是在解蔽的领域中成其本质的。人的奋斗是守护性的。人的奋斗是以守护为依据的。人的认识和实践都是解蔽之方式。人的奋斗是能够保障着人的认识和实践的可能性的。人的奋斗是能够根据人的本质而被思考的。人是有其立身之所的。人在其认识和实践中是有根据的。人在其奋斗中是有其根据的。人的奋斗是有本质规定的。人的奋斗在人的本质中起着支配作用。人的奋斗始终只是对人的本质的响应。人的奋斗处于人的本质领域之中。

人的一切奋斗都来自人的认识领域和实践领域，进入人的认识领域和实践领域。人的奋斗的领域是能够给人指点道路的领域。人是按照人的奋斗关系来规定人的奋斗领域的。人的奋斗是能够给人的认识和实践打上烙印的。哪里有人的奋斗，哪里就有人的过渡。哪里有人的奋斗，哪里就有人的救度。人的过渡是能够在人的奋斗中生长着的。人的救度是能够在人的奋斗中生长着的。人的过渡乃植根并且发育于人的奋斗之本质中。人的救度乃植根并且发育于人的奋斗之本质中。

人的奋斗都是从人的认识和实践而来的，都是在人的认识和实践中发生的。人的奋斗是能够在人的认识和实践中显现出来的。如果人有奋斗，人就要洞察人的奋斗的位置。人的奋斗能够把人带入真理的光辉之中。人的奋斗是要面向现实的。人的奋斗只有植根于人的历史性的基础之中时，才能够生长起来。人的奋斗是由人的奋斗的原因带来的。人的奋斗是有其深刻原因的。人往往根据奋斗来确定未来。

人的奋斗是要竭力把握现实的。人的奋斗是要干预现实的，是要改变现实的。人的奋斗是会变化的。人的奋斗是由人的变化来规定的。人的奋斗不仅可以根据人的认识来加以规定，而且可以根据人的实践来加以规定。人的奋斗是可以明确地得到预测的。人的奋斗是可以通过人的认识和实践来实现的。人的奋斗不仅能够蕴含人的认识的丰富性，而且能够蕴含人的实践的丰富性。

人的奋斗是历史性的。人的奋斗对人来说是不可回避的东西。人只有在奋斗中，人的所作所为的空间才得以开启出来。人的奋斗始终是一种历史性的奋斗。人的奋斗的道路总是不断发生变化。何以奋斗属于人的本性呢？人始终与奋斗密切相关。人们处处都只能发现以奋斗的方式被构筑起来的世界。人的奋斗是能够规定现实的。人的奋斗是具有现实性的。人的奋斗之所以是必然的，乃是因为人唯在奋斗之际，才能够在其真理性方面澄明自身。

人的奋斗是有其道理的。人的奋斗是能够在十分本质性的意义上被理解的。人的奋斗是能够在十分本质性的意义上得到思考的。人在奋斗中不仅从创造性出发来思考，而且从功效性出发来思考。人的奋斗唯在历史性的认识和实践中才能获得自己的本源。唯当人进入过渡之中时，人的奋斗才是可经验的。人的奋斗是能够确定人的种种可能性的范围的。人的奋斗乃是人的思想方式的基础。人的思想方式是以人的奋斗为基础的。可见，人的思想方式是有前提的。

只有当人进行认识时，人的认识才可能变成认识性的。只有当人进行实践时，人的实践才可能变成实践性的。只有当人进行奋斗时，人的奋斗才可能变成奋斗性的。只要人处于认识和实践中，人的认识和实践就是可经验的。只要人处于奋斗中，人的奋斗就是可经验的。人的奋斗是人的可能性的条件。人的奋斗在人的认识和实践中是起定向作用的东西。人的奋斗在人的认识和实践中都是决定性的东西。

人的奋斗是由人的奋斗的状态来决定的。在人的奋斗中，坚持正确的方向乃是人的奋斗的唯一的出路。在人的奋斗中，奋斗与方向是紧密结合的。人的奋斗能够把人的认识和实践的可靠性展开出来。人的奋斗在人的认识和实践中是有必然性的。人的奋斗能力乃是一种计算能力。人的奋斗在人的认识和实践中是能够得到充实的。人的奋斗是需要在人的认识和实践的领域中进行的。人的奋斗绝不会逾越自己的可能性。人的奋斗处在自己的可能性中。

人的奋斗是能够给人带来转变的。因此，人在奋斗中的变化是自然而然的。人在奋斗中是能够澄明的。人的奋斗是有着多样的含义的。人的奋斗是与人相关的东西。只有当人们在人的意义上来理解人的奋斗时，人的奋斗才在人的认识和实践中保持着它的分量。人对奋斗的意义是需要作深入的思索的。人的奋斗对人是具有决定性意义的。如果未来的奋斗和过去的奋斗如同现在的奋斗一样，那么现在的奋斗就如同过去的奋斗和未来的奋斗。

人的奋斗能够显现人的过渡。人的奋斗是人的桥梁。随着人的奋斗，人的奋斗的目的地得以显露出来。哪里有人的奋斗，哪里就有人的奋斗的目的。人的奋斗是与人的奋斗的目的联系在一起的。人与奋斗的关系就基于人的奋斗的目的。人在奋斗中是要着眼于人的奋斗的情况的。人是要追问：人是如何奋斗的？人想要如何奋斗？人应当如何奋斗？

人的奋斗对人是起决定性的作用的。人们完全有理由指出：人的奋斗不仅包括人的过去的奋斗，而且同样本质性地包括人的未来的奋斗和人的现在的奋斗；因为人的奋斗不仅是由人的过去的奋斗决定的，而且是由人的未来的奋斗和人的当前的奋斗决定的。人的奋斗的情形是如何的呢？人的奋斗的情形是：人的奋斗是运行着的。人的奋斗奋斗什么呢？恰恰就是人的奋斗所肯定的东西和所否定的东西。

人的奋斗的东西总是显现为人的值得珍惜的东西。人的奋斗的东西是人的生成的东西。人的不断奋斗乃是人的不断生成。人的奋斗的道路是人的生成的道路。人的不断奋斗的道路是人的不断生成的道路。人在奋斗中是能够成其所是的。人的奋斗中是蕴含着要被思考的东西的。为了进入奋斗之中，对人们来说，就必须思考奋斗。人在奋斗中是必须关注有待奋斗的东西的。

海德格尔在《论人的自由之本质——哲学的导论》一书中谈到时间时说道："时间，只因它将每一个人都个别化为他自己，它才是时间性的，才符合其本质，只要我们看不到这一点，作为时间之本质的时间性，就仍然对我们隐藏着。”①

## 第四节　小　结

奋斗与人是共属一体的。唯当人有奋斗时，人才成为可规定的。人们把有待奋斗的东西称为可奋斗的东西。一切可奋斗的东西促使人们奋斗。人的奋斗是在人的奋斗的过程中发生的。如果人有了奋斗，那么人的本质就已经被人的奋斗烙印了。因此，人的本质就居于人的奋斗中。人的奋斗按其本质来看，是始终值得思考的东西。通过奋斗，人们就已经踏上了一条通向有待奋斗的道路。人的奋斗的道路是一条与人相称的道路。

在奋斗中，人取得其奋斗的本质。唯在人的奋斗已然起支配作用的地方，人的奋斗才会发生。而奋斗者，就其进入奋斗的状态来说，才是当前的奋斗者。因此之故，人的奋斗是包含着人的奋斗的状态的。人的奋斗的状态在人的奋斗中是起支配作用的。人的奋斗的状态与人的本质是共属一体的。只要人们处于奋斗中，那么人们就已经在奋斗了。人们是能够从奋斗方面得到规定的。

人的奋斗是能够守护着人的成长的。在人的奋斗中蕴含着

① 〔德〕海德格尔：《论人的自由之本质——哲学的导论》，赵卫国译，北京：商务印书馆，2021年，第141页。

决定性的东西。人的奋斗是积极的事情。得到奋斗的东西必定得到奋斗。人的奋斗是能够根据人的奋斗的道路得到规定的。如果人们要奋斗，人们就要获得一个奋斗的依据，借以思考人与奋斗的关系。说到人与奋斗，这听起来就好像人站在一边，而奋斗站在另一边似的。但实际上，奋斗绝不是人的对立面。人们是要沉思人与奋斗之间的联系的。

# 第五章　奋斗的意义

人的奋斗的意义需要人列入考虑。人的奋斗的意义体现在奋斗与现实、奋斗与境界、奋斗与前景之中。在人的奋斗之展开的实行中，人的奋斗的意义的本质得到了规定。

## 第一节　奋斗与现实

人的奋斗能够改变人的现实状况，人的奋斗是有意义的。人的奋斗不仅有象征的意义，而且有现实的意义。人的奋斗不仅能够把人安置在人的奋斗的时间中，而且能够把人安置在人的奋斗的空间中。因此，说到底，人的奋斗是能够给现实以烙印的。人的奋斗是能够在现实中显现出来的。人的奋斗是能够在现实中得到适当的规定的。人的奋斗的本质是能够改变现实。唯当人们能够改变现实时，人们才能奋斗。

人的奋斗能够为人勾勒出人的时代进程的特征。人的奋斗是起源于人的认识和实践的。唯当人们能够认识和实践时，人们才能奋斗。人们是要用认识和实践来阐明奋斗的。正确认识和正确实践乃是正确奋斗的基本特征。正确认识和正确实践对奋斗来说是不可或缺的。人要正确奋斗，就要正确认识和正确实践。人要不懈奋斗，就要不懈认识和不懈实践。

人只要有努力，就能实现努力。人们关注着奋斗可能会带来的东西。人们需要思考在奋斗中存在的东西。迄今为止，对于奋斗之为奋斗，人们还极少作过思索。人的奋斗是通过认识活动和实践活动而发生的。事实上，人们是从认识方面和实践方面来设想奋斗的。认识和实践乃是奋斗的目的所在。奋斗的道路是通向认识和实践的。只有当人们理解了奋斗之为奋斗时，人们才能理解奋斗。

人的奋斗对于人的未来来说是决定性的。当人们奋斗时，人们能够发觉奋斗的容纳作用。奋斗带来的东西乃是奋斗的具有容纳作用的东西。奋斗带来的东西乃是奋斗之所是。奋斗其实是由奋斗带来的东西构成的。奋斗通过奋斗带来的东西而构成起来。人的奋斗是为了奋斗而进入奋斗之中，并且从奋斗而来，把奋斗带来的东西带来。人的奋斗能够把奋斗带来的东西带来，能够使奋斗带来的东西进入奋斗的形态中。

人的奋斗不仅在于奋斗带来的东西，而且在于起构成作用的构成。一旦人们探究现实的奋斗的现实性，就有一种实情显现出来。人的奋斗是现实之物。人的奋斗是如何起作用的呢？人的奋斗通过承受被注入的东西而起作用。人的奋斗也通过保持它所承受的东西而起作用。人的奋斗以双重方式来起作用，即：承受和保持。承受和保持是共属一体的。人的奋斗是由承受和保持来决定的。奋斗之为奋斗就取决于承受和保持。

人的奋斗由于具有现实性，才真正如其所是。人只有奋斗起来，才得以成其本质。奋斗需要作为奋斗者的空间。奋斗的内容是十分丰富的。使奋斗成其为奋斗的作用聚集于奋斗的过程之中。奋斗在奋斗的过程中成其本质。奋斗在奋斗的过程中保持其本质。奋斗的过程为奋斗所特有，而且只为奋斗所特有。由于人的奋斗是有过程的，因此人是有真正的奋斗的。奋斗只有在奋斗中才能成其本质。

人的奋斗不是现成的东西。人的奋斗是如何成其本质的呢？人的奋斗是通过奋斗化成其本质的。人的奋斗只有通过奋斗化才能获得人的奋斗的含义。人的奋斗真是一件伟大的事情，亦是一件与人相关涉的事情。人的奋斗是需要得到思索的东西。人的奋斗在奋斗化中成其本质。人的奋斗在显现中成其本质。人能够奋斗是人能够所是的。人的奋斗是由奋斗和体验来规定的。人在奋斗之际，具有奋斗的现身本质。

人的奋斗通过奋斗化而成其本质。人的奋斗处于认识和实践中，人的奋斗之奋斗化得以发生。如果人们让人的奋斗从奋斗化中成其本质，那么人们便思及奋斗之为奋斗了。如果人们思及奋斗之为奋斗，那么人们就是要保护奋斗的本质，使之进入奋斗以现身出场的领域之中。人的奋斗的奋斗化乃是人的奋斗在认识和实践中的奋斗化。人的奋斗的奋斗化乃是人的奋斗之本质。

只要人们保护着奋斗之为奋斗，人们便居住于奋斗之真理中。人的奋斗之奋斗化乃是人的奋斗的真正的维度。若没有人，奋斗之为奋斗也不会出现。唯当人的奋斗奋斗化，人的奋斗才闪烁光辉。人的奋斗是顺从于其本质的。人的奋斗是以自己的方式奋斗化着的。人的奋斗以自己的方式奋斗化之际，人的奋斗的意义就显现出来了。唯有人，才能奋斗。唯有人的奋斗，才能奋斗化。

人的奋斗的道路是人的有所考验的道路。人只有在认识和实践中，才能保持在奋斗的道路上。人的奋斗的功效是按照当下的现实性之尺度而被估价的。奋斗与现实是相互包含的。奋斗是以现实为根基的。当人奋斗时，人看到的是人的奋斗的基本特征。不过，人们何以达到一种奋斗呢？通过认识活动和实践活动。人的奋斗乃是一种认识活动和实践活动。人的奋斗能够把人唤向人的奋斗的本质。

只有当人有意去奋斗时，人才能够奋斗。人的奋斗能够把人带向认识活动和实践活动，使人归属于认识活动和实践活动，从而使人进入认识活动和实践活动之中。无疑，对于人而言要紧的是要关注本质性的东西。在人的认识活动和实践活动中，人的奋斗的本质才得以显露出来。人的奋斗的维度本身居于人的奋斗之中。人的奋斗本身是需要维度的。

唯当人们以奋斗的方式进行认识和实践，人们才能够生存和发展。人的奋斗有其自身的尺度，因此有其自身的格律。人以奋斗的方式来规定他的本质。人的奋斗把人的本质带入其中。人的奋斗是人的本质赖以持续的保证要素。人的奋斗是人的本质之因素。人的奋斗即是人的意义。人的奋斗即是人的本质。何谓人的意义呢？何谓人的本质呢？如果人们把人的奋斗思为人的意义，把人的奋斗思为人的本质，人们显然就不可把人的奋斗安置于一个任意的观念中。

人的奋斗有一种别具一格的意义。人的认识活动和实践活动皆能够在人的奋斗中发生。因此之故，人们要注意人的奋斗的基本行为。人在奋斗中发生着认识活动和实践活动。人的奋斗乃是人的认识活动和实践活动。人在奋斗中成其本质。只要人能够奋斗，人就能够不断地进行认识活动和实践活动。人的奋斗是基于人的认识活动和实践活动的。人在人的奋斗中是能够看到人的本质的。

人的奋斗是能够在人的认识和实践中显现出来的。人的奋斗本是人的尺度。人的奋斗乃是人借以度量自身的尺度。人的奋斗能够测定着人的本质。人的本质是能够得到测定的。因为人不仅要生存，而且要发展，所以人的本质始终必须得到测定。只要人们在认识的意义上和实践的意义上来看人的奋斗，那么人的奋斗就是有理由的。人的奋斗的尺度是什么呢？是神性。人的奋斗对人大有助益。

在事实上和时间上看，人的奋斗属于人的生命的范围。对人来说，人的奋斗的东西是人所熟悉的东西。人的奋斗能够把人的奋斗的一切召唤入人的生命之中，并使所召唤的东西在人的生命中闪光。人的奋斗能够让人的奋斗的东西显现出来。当人进行认识活动和实践活动之时，人是要奋斗的。因为人的奋斗是有尺度的，所以人的奋斗是能够说话的。因此之故，人的奋斗有一种别具一格的意义。

人的奋斗具有人的本质特性。人的奋斗就是人的尺度。人在奋斗的时候必得问：人的奋斗有没有尺度呢？人必得答曰：人的奋斗是有尺度的。只有当人的奋斗是有尺度的时候，人的奋斗才能发生。人的奋斗的尺度乃是客观的尺度，而不是主观的尺度。奋斗因此不是主观意义上的奋斗，而是客观意义上的奋斗。人的奋斗是具有原初性的意义的。人的奋斗是能够进入人的本质之中的。人的奋斗乃是人的原始的本质。

人奋斗，是因为人是有本质的。人在奋斗中是能够获得现实的意义的。只有当人已然在现实的意义上进行奋斗，人才能够从事认识活动和实践活动。现实的奋斗之发生，乃是由于现实的存在。现实的人必然要为现实从事现实的奋斗。人的奋斗是为现实而存在的。人在奋斗中是特别关心现实的。人的奋斗建造着人的现实之本质。无论在何种情形下，只有当人们奋斗时，人们才能经验到人们的奋斗。

## 第二节　奋斗与境界

人的奋斗能够使人达到崇高的境界，人的奋斗有真正的拯救意义。只有当人们保持着对奋斗的关注，人们方可期待，人们的奋斗的转折是否以及何时在人们这里出现。只有当人们严肃对待奋斗时，人们才能向自己证明，人们的奋斗如何以及在何种程度上能够对人们的转折作出贡献。人的奋斗乃是人的基本能力。因此之故，人的奋斗是随时都能发生的。

只要人的奋斗持续着，人就无比欣喜。人的奋斗一旦发生，人就能根据人的奋斗之本质来度量人，人就能奋斗化。人的奋斗指示着人的道路。人的奋斗是值得追问的。如果人们能够对奋斗进行追问，人们就能接近于奋斗。于是显而易见：为了奋斗，人们是需要把奋斗的意思弄清楚的。人的奋斗的含义是多样的、变化的。为了奋斗，人们大有必要做一种沉思，思索一下在奋斗中到底包含着什么。

人的奋斗意味着人的奋斗是能够呈现奋斗的。人的奋斗同时也意味着人的奋斗是能够呈现人的。人的奋斗就是人的采集。人的奋斗方式就是人的采集方式。人的奋斗是在人的采集中进行的。人的奋斗是为了完成人的采集。在人的奋斗中起支配作用的是人的采集。而在人的采集中起支配作用的是人的保存。人的采集乃是人的奋斗之本质结构中第一位的东西。而人的保存乃是人的采集之本质结构中第一位的东西。

人的真正的奋斗自始就是一种对要求奋斗的东西的挑选。人的奋斗取决于人的挑选，而人的奋斗又决定着人的挑选。人的一切挑选都是隶属人的奋斗的。人的奋斗是为人所关心的，因而是与人相关涉的。人的奋斗能够把呈现于人的眼前的东西带入人的奋斗的状态之中。在人的奋斗中，一直蕴含着人的能动性，一直蕴含着人的积极性、主动性和创造性。人的奋斗自始就是从人的能动性方面得到规定的。

人的奋斗乃是人的能动性。人的奋斗就是让人的奋斗的能动性呈现出来。人的奋斗是包含着答案的。人们只要有奋斗，人们根本上就会以人的奋斗的方式呈现出来。人们的奋斗变化了，人们的奋斗的含义就会变化。人的奋斗是以变化的方式发生的。人的奋斗的本质是让变化呈现出来。人的奋斗是从人的奋斗的状态中获得人的奋斗的本质特性的。人的奋斗乃是从人的奋斗的状态中生发出来的。人的奋斗是在人的奋斗的状态中现身而出的。

人的奋斗与人有关。人的奋斗基于一种关于人的奋斗的指示。人的奋斗的方式是由人的奋斗的指示决定的。人的奋斗不是任意的东西，而是有意的东西。人的奋斗只能是其所是。人的奋斗是有归属的。所以，人的奋斗是在人奋斗时才存在的。人的奋斗并不只是人的奋斗的东西。只要出现人的奋斗，那就有人的奋斗的东西发生。知道人的奋斗是智慧的。人知道奋斗是智慧的。

人的奋斗是要合乎实际的。人的奋斗的意义的多样性是扎根于人的奋斗的实际的。人的奋斗是有确定的目的的。人的奋斗是有确定性的。人的奋斗处于人的奋斗的情形中。从人的奋斗的状况中，人们能够清晰地标画出人的奋斗的特征。人的奋斗是有所显现的。人的奋斗是以其方式成其本质的。人的奋斗通过认识活动和实践活动而起着作用。由于人在奋斗之际让人的认识活动和实践活动呈现出来，人的奋斗便起着作用。

人的奋斗需要人的奋斗的状态。人基于认识活动和实践活动，从认识活动和实践活动中汲取力量。人的认识活动和实践活动是能够在人的奋斗中呈现出来的。人的奋斗能够道出人的认识活动和实践活动是什么。人的奋斗能够道出人的认识活动和实践活动如何成其本质。若人有奋斗，就会有认识性的东西发生和实践性的东西发生。人的奋斗在人的认识活动和实践活动中是起着作用的。

人的奋斗能够让人思索。人的奋斗能够提供出艰难的东西让人思索。人的奋斗是能够担负重任的。人的奋斗在人的认识活动和实践活动中是有分量的。人的认识活动和实践活动是能够在人的奋斗中显现出来的。人的认识活动和实践活动由于人的奋斗而置身于光亮中。人的奋斗是有其根据的。人的奋斗在人的认识和实践中的作用是独一无二的。对人来说，是有一条通向人的奋斗的道路的。

当人奋斗时，人就是奋斗性的。如果人要在人的奋斗中显现出来的话，那么人就需要奋斗。人从奋斗中是能够获得指示的。人在奋斗中是有奋斗的本质的。人在奋斗中是有奋斗的意义的。人的奋斗对人的认识和实践来说是有疗效的。人的认识的疗效是在人的认识中发生的。人的实践的疗效是在人的实践中发生的。人的奋斗的疗效是在人的奋斗中发生的。

人的奋斗是能够把人带向认识活动和实践活动的。人的奋斗是能够在人的认识活动和实践活动中显现人的奋斗的本质的。人的奋斗是能够在人的认识活动和实践活动中显现人的奋斗的意义的。人的奋斗就是人的奋斗的意义，就是人的奋斗的本质。人的认识就是人的认识的意义，就是人的认识的本质。人的实践就是人的实践的意义，就是人的实践的本质。人的奋斗就是让人的奋斗的意义显现出来，让人的奋斗的本质呈现出来。人的认识就是让人的认识的意义显现出来，让人的认识的本质呈现出来。人的实践就是让人的实践的意义显现出来，让人的实践的本质呈现出来。

事实上，人的奋斗就居住在人的奋斗的意义中。人的奋斗就居住在人的奋斗的本质中。人的认识就居住在人的认识的意义中。人的认识就居住在人的认识的本质中。人的实践就居住在人的实践的意义中。人的实践就居住在人的实践的本质中。人的奋斗是能够真正发生的。人的奋斗是能够从认识方面和实践方面被表达的。人的奋斗是能够在人的认识和实践中得到表达的。也就是说，人的奋斗自始就能够进入表达之中。

人的奋斗是改变着世界的。人的奋斗是推动着人的沉思的。人的奋斗是属于人的生存领域和发展领域的。人的奋斗能够赋予人的认识和实践以真实的意义。人的奋斗的分量是落在人的认识和实践上面的。人的奋斗是通过人的认识和实践来刻画的。人是能够被人的后来的发展所超越的。人的认识是有一个展开过程的，人的实践也是有一个展开过程的。人的奋斗是有一个展开过程的。

人的认识活动和实践活动是能够由人的奋斗所贯通和支配的。人的奋斗有助于人们去深思人的认识活动和实践活动的丰富性。人的奋斗能为人的认识活动和实践活动提供帮助。人的奋斗在人的认识活动和实践活动中是必要的。人的奋斗为人的认识活动和实践活动之故而成其本质。人的奋斗在人的认识活动和实践活动中是归属于发展的。人的奋斗在人的认识活动和实践活动中的归属是人们要深思的。人的奋斗唯在人的认识活动和实践活动中，才与人相关涉。

人的奋斗是植根于人的发展之中并且是根据人的发展而成其本质的。人的奋斗意味着人的奋斗能够把人带向发展。人的奋斗是因为能够把人带向发展而成其本质。人的发展乃是人的奋斗的显现。人的奋斗乃是在人的发展中得到表达的。人的奋斗是能够在人的发展中展开的。人们必须学会从人的发展出发来思考人的奋斗的意义。

为了人的发展而奋斗是有困难的。为了人的发展而奋斗是有意义的。人的奋斗与人的发展是存在着联系的。人的奋斗是有发展意义的。因此，人们最好是保持在审慎的奋斗中。在人的发展的过程中，起支配作用的是人的奋斗。人的奋斗乃是在人的发展的过程中始终要坚持的东西。人的奋斗指引着人的发展道路。因此之故，人们在奋斗时可以问一问：人们的奋斗之展开是否是在人们的发展的意义上之展开？如果人们作此追问，那么人们就是在追问人的奋斗的意义了。

## 第三节　奋斗与前景

人的奋斗能够决定人的前景。人的前景是以人的奋斗为前提的。只有在人们的奋斗的领域中，人们才能找到自己可能的认识空间和实践空间。人在奋斗中是能够为人的认识和实践开启前景的。人的前景是确实能够在人的奋斗中显现出来的。人的前景来自人的奋斗之展开。人的奋斗是能够把人的前景带向显现的。人的一切奋斗都是人的前景，因此人的一切奋斗都将在人的认识活动和实践活动中显现出来。

人的奋斗是在人的认识和实践之展开中显现出来的。人所奋斗的东西是永远值得思考的。在人的奋斗中保存着人的转变的可能性。人的奋斗能够向人道出真正的意义。人的奋斗其实能够给人带来光明。人的奋斗能够把光明召唤入人的认识和实践之中。只要人奋斗着，光明就照亮着人的认识和实践。只要人持续奋斗着，光明就持续照亮着人的认识和实践。

人的奋斗的内涵、人的奋斗的发生方式和人的奋斗的发生之所，是有待思索的。人的奋斗必然包含着什么，这是有待究问的。随着奋斗，就开始出现了人的奋斗的前景。人必然地要受到人的奋斗的影响。人的奋斗的基本特征是由人的奋斗的前景来决定的。如果人要奋斗，那么人就必须尽其所能尽量广泛而持久地沉思人的奋斗所道说的东西。如果人要奋斗，那么人就必须寻找人的奋斗必然蕴含的东西。

人的奋斗与人的前景是联系在一起的。人的奋斗是在人的奋斗的领域中活动的。人的奋斗是能够指引人的。人的奋斗是能够把人围起来的。人的前景是能够由人的奋斗来规定的。人的奋斗对于人的前景来说是决定性的东西。在人的奋斗中，有着人的奋斗的前景的本质丰富性。人只有奋斗，人的奋斗才能本质地现身，人的奋斗的前景才能本质地现身。

人的前景是以人的奋斗为根基的。人的奋斗是应当得到思考的。人有持续奋斗，就有持续前景。人的奋斗能够为人指示路向。人的奋斗能够把人展示出来。人必须在人的奋斗当中来沉思人的奋斗的意义，来沉思人的奋斗的本质。人的奋斗不仅能够给人带来光明，同时还能够给人带来自由之域。人的奋斗就是人的前景。人的奋斗属于人的前景。

人的奋斗居于人的前景中，成为人的前景中本质性的东西。人的奋斗说到底必定包含在人的前景中。人在奋斗中是以自己的方式关涉人的前景的。人的前景是在人的奋斗状态中呈现出来的。人的奋斗能够把人带入其前景的丰富性之中。人的奋斗是归属于人的前景的。如果人有所奋斗，那么人的前景就是人的奋斗所要表达的。人的奋斗处于与人的前景的关联中。因此之故，人在奋斗之际是要思入人的前景之中的。

人的奋斗对人是有着决定性的意义的。人的奋斗当然是大有必要的。人的奋斗当然是无止无境的。人的奋斗是有道路的。人的奋斗的道路是延展的。人在奋斗中是要识得道路的。人的奋斗是人的前景的本源。人的前景是通过人的奋斗而存在的。什么是人的奋斗呢？人们可以从人的前景那里经验到。人的前景是以人的奋斗为基础的。人的奋斗能够把人的前景的东西呈现给人。

人在奋斗中是摆脱不了人的奋斗的前景的。人的奋斗是能够在人的奋斗的前景中存在的。人的奋斗是能够活动在人的奋斗的前景中的。人的奋斗是能够活动在人的奋斗的视角中的。人在奋斗中是能够找到人的奋斗的直接而丰满的现实性的。人在奋斗中是能够发现真实的东西的。可见，人必须首先有奋斗，才能发现人的奋斗中真实的东西。为此人就必须清晰地知道奋斗是什么。只有这样，人才能体验到奋斗。

人的奋斗之为人的奋斗，究竟是什么呢？当人们这样发问时，人们是想要认识人的奋斗之存在。人们要紧的是对人的奋斗之奋斗因素的经验。为此，人们就必须了解人的奋斗所归属的领域。如果人有奋斗的话，那么人的奋斗当然是有所归属的领域的。实际上，人的所有奋斗都是有所归属的领域的。人的一切奋斗都是能够显示自身的东西，都是能够显现的东西。

人的奋斗的奋斗性是基于何处的呢？人的奋斗的奋斗性只有根据人的奋斗才能得到规定。人们只有奋斗，才能使人们有可能把人的奋斗的因素描画出来。人只有奋斗，才能描画出人的奋斗的现实性，才能描画出人的奋斗中隐含着的东西。人的奋斗在人的生命进程中起着支配作用。人的奋斗在某种程度上是人们所熟悉的。在人的奋斗中是有值得追问的东西的。人在奋斗中是能够发觉人的奋斗的所有的因素的。人的奋斗的所有的因素是人的奋斗本身所具有的东西。人的奋斗的所有的因素就是人的奋斗的固有特性。

人的奋斗是什么呢？显然，人的奋斗绝不光是人的奋斗的特性的集合，也不光是人的奋斗的特性的堆积。在人们看来，人的奋斗乃是作为人的根基的东西。人有奋斗，人就有人的奋斗的基本经验。人接受了奋斗，就接受了人的奋斗所道说出来的经验。人的有根基状态是始于人的奋斗的。毫不奇怪，人的有根基状态是以人的奋斗为尺度的。人的有根基状态是由人的奋斗构成的。

人的奋斗是有原始的根源的。人的奋斗是凿凿有据的。人的奋斗是有充足的根据的。人的奋斗与人的前景是结合在一起的。人在奋斗的领域中是能够实现人的真正的规定性力量的。人的奋斗是人的本质的原始规定性。因而，人的奋斗就寓身于人的本质之中。人的奋斗是被有用性所规定的。人的本质是能够从人的奋斗那里得到解释的。人的奋斗能够让人如其所是地生存和发展的。

人是通过奋斗而进入生存和发展的。人在奋斗中是能够对人的奋斗的因素有所领悟的。人在奋斗中是有着本质性的差异的。根据不同的有用性，人的奋斗的形式是不同的。人只有在奋斗的时候，人的奋斗才成其所是。人在奋斗的时候，人的奋斗是真实地成其所是的。人只要处在奋斗中，人的奋斗就现实地发挥作用。人只要处在奋斗的过程中，人就能够真正遇到人的奋斗的因素。

人的奋斗属于人的世界。人的奋斗回响着人的世界的召唤。人的奋斗在人的世界里得到保存。人的奋斗植根于人的奋斗的丰富性中。人通过奋斗而被置入人的世界的召唤之中。借助于奋斗，人对自己的世界是能够理解的。人的奋斗的有用性是可见的。人的奋斗是有着本源的。人对奋斗是能够有经验的。人的奋斗使人懂得了人的奋斗实际上是什么。在人的世界中有什么东西在发挥作用呢？人的奋斗揭开了人的世界实际上是什么。实际上，只要人有奋斗，那么在人的奋斗中，人的奋斗的真理就已置于其中了，人的奋斗的世界就已置于其中了。

在人的奋斗中发挥作用的东西是能够显现出来的。在人的奋斗中，人的奋斗的意义是现实的。因此，人们要寻求人的奋斗的现实意义。人的奋斗的现实意义何在呢？人的奋斗概无例外地显示出人的奋斗的现实意义，虽然方式各不相同。人的奋斗是有自身的本质空间的。人的奋斗是处于关系之中的。人的奋斗是处于何种关系之中的？即人的奋斗何所属？人的奋斗是属于人的奋斗本身开启出来的领域的。人的奋斗是在人的奋斗本身开启出来的领域中成其本质的。

人的奋斗的真理之生发在人的奋斗中是起作用的。人通过奋斗让人的奋斗的形式进入人的奋斗的领域。人的奋斗只有进入人的认识活动和实践活动之中，才能显示为人的奋斗所是的东西。人的奋斗是生成性的。人通常是以人的奋斗的真理为立足点的。人的奋斗意味着把人的奋斗的指引意义开启出来。人的奋斗是有本质性的指引意义的。人的奋斗是能够建立一个人的奋斗的世界的。

## 第四节　小　结

人只有奋斗，人的奋斗的意义才得以显示出来。人的奋斗是奋斗化的。只要人不断地奋斗，人的奋斗就不断地使人进入认识之中和实践之中，人就始终隶属人的奋斗。人的奋斗有一个人的奋斗的世界。人的奋斗有一个人的奋斗的领域。人的奋斗之为人的奋斗，本质上是有所奋斗的。但人的奋斗奋斗什么呢？关于这一点，只有当人奋斗了，人才会有所了解。

人的奋斗包含着一个人的奋斗的世界的建立。人的奋斗是历史性的。只有在人的奋斗之际，人的奋斗才能显现出来。人的奋斗是本质上展开着的。人的奋斗的意思就是把人的奋斗带入展开领域之中。人的奋斗是由人的奋斗的展开来完成的。人的奋斗的形态是有无限丰富性的。人的奋斗的方式随人的认识的方式和实践的方式而定。当人成功地在整体上把握了奋斗的状态时，人就切近奋斗了。

人的奋斗是人的奋斗的展开状态。人和奋斗本质上彼此有别，但却相依为命。人建基于奋斗，奋斗通过人而涌现出来。人和奋斗双方相互进入其本质的自我确立中。人离不开人的奋斗之展开领域。人的本质是在人的奋斗中显现的。人是不能离开人的奋斗的。人的奋斗是对人的意义具有决定作用的。人的意义是建基于人的奋斗的基础之上的。人必须把人的意义建基于人的奋斗的坚固的基础之上。

第三编

# 奋斗办什么

他这样做，会给我过多的荣誉，同时也会给我过多的侮辱。

——〔德〕马克思《给〈祖国纪事〉杂志编辑部的信》

# 第六章　奋斗的微观机制

人能够创造出自己独特的奋斗语汇。对于人而言，奋斗是极具魅力的。对于人而言，奋斗是并不容易的。奋斗是真实存在的。奋斗是人具有的崇高本质。奋斗让人成为人。奋斗是有指涉的。

奋斗使人的一生总在改变。奋斗对人一直产生着影响。奋斗对人有着不可替代的影响。奋斗对人有着很大的影响。奋斗是有影响力、感召力和引导力的。人在奋斗中是能够发展自己和完善自己的。

奋斗能够改变人的历史的演进。奋斗能够影响人的历史。奋斗能够让人看到美好的东西。奋斗能够让人获得丰富的印象。奋斗能够为人的总体构造做出贡献。奋斗能够推动人的才华走向完真、完善、完美。奋斗能够赋予人重要含义。奋斗能够赋予人独特性。奋斗能够为人留下不可磨灭的影响。

通过人的奋斗，能够揭开真实世界中人的生活与困难。通过人的奋斗，能够让人贴近并认识世界。通过人的奋斗，人能够完成对世界的辉煌壮丽而令人难忘的描绘与诠释。通过人的奋斗，也可以看出人的才华。

对于奋斗，不同的人会有不同的反映，不同时代、不同民族的人会有不同的理解，即便是同一个人在不同的年龄阶段也会产生不同的看法。人总是带着一定的知识、情感、愿望、意志等去观察和理解奋斗的，并且奋斗都不可避免地受到人的主体状态、社会文化的影响。主体自身的特性、状态在奋斗中的作用，亦可称之为奋斗的微观机制，是需要正确理解的。

## 第一节　生理基础与奋斗

生理基础与奋斗有着紧密的关联。生理基础在奋斗中起着重要作用。生理基础对奋斗是影响非常大的。生理基础能够对人的奋斗产生特别重要的影响。人的生命是人完成生命的一个完美的形式。

奋斗不能与人的生理基础分离而存在。奋斗与人的生理基础有着千丝万缕的联系。奋斗能够显现出人的生气与活力。奋斗与人周围的环境是一个生动的有机体。奋斗能够使人产生日渐深刻的印象。奋斗在人的生命中扮演着重要的角色。奋斗是有生命的。奋斗能够为人注入活力，因而能够使人富有活力，能够使人洋溢着勃勃生机，能够给人增添自然生机。在奋斗中洋溢着人的生命的活力。奋斗能够对人起激发作用，能够使人富有成果。奋斗能够满足人的生理需求。奋斗是构成人的生命的力量。奋斗是向可能性开放的实际行动。奋斗能够给予人的生命以意义。

人的奋斗可以深入揭示出人的生理基础。人的奋斗一方面由人的生理基础而产生；另一方面又反作用于人的生理基础。人的奋斗能够详尽地阐述人的生理基础的作用。人的奋斗的阶段是人的非常重要的阶段。

## 第二节　心理基础与奋斗

心理基础与奋斗有着紧密的关联。心理基础在奋斗中起着重要作用。心理基础对奋斗是影响非常大的。人能够将心理层面的特质，凝聚到奋斗中。

人们头脑中进行的内部活动或心理活动，在人的整个奋斗过程中起着一种关键性的、决定性的作用。没有人的心理活动，人的一切奋斗活动都是很难进行的，甚至是不可能的。人们的心理活动是这样或那样，就表现为它们影响和变革客观事物、改造客观世界的活动是成功还是失败，是正确还是错误。因此，人们了解并掌握人的心理活动的规律就可以更加充分地发挥人的心理活动在奋斗活动中应有的能动作用，从而去有效地调节或改进人们的奋斗活动。人的奋斗一方面由人的心理基础而产生；另一方面又反作用于人的心理基础。

奋斗能够从心里的感受上撼动人心。奋斗环境的改变可以让人的心理状态好。奋斗能够完美地呈现人的内心世界。人对于奋斗会表现出不同的心理反应。奋斗能够显现人的内心的境界。奋斗能够表达人的内心世界和思想情怀。奋斗能够与人的心理状态完美融合。奋斗不仅能够使人的心理发生变化，而且能够对人的整个历史产生巨大影响。奋斗能够满足人的心理需求。所谓奋斗就是不惧枯燥和漫长，专注于做事。奋斗能够使人成为了不起的人。奋斗能够为人带来鲜活的启迪。奋斗能够为人指引道路。奋斗能够使人达到物质上和精神上的宏伟境界。奋斗能够提升人的修养。奋斗能够反映人的心态。

## 第三节　文化基础与奋斗

文化基础与奋斗有着紧密的关联。文化基础在奋斗中起着重要作用。文化基础对奋斗是影响非常大的。文化在奋斗中始终占有主导地位。文化对奋斗的形成能够起到促进作用。文化对于奋斗具有非常独特的价值。文化能够造就人强大的奋斗能力。文化在人的每个奋斗阶段都能够发挥积极活跃的作用。文化必然对奋斗的含义产生显著影响。文化是奋斗的基础。文化对奋斗能够产生实际影响。文化是奋斗之所以能够持续传承发展的最重要的基石。借助文化，人们可以对奋斗的本质进行探索。

奋斗能够给人留下无价的文化遗产。奋斗能够使人经历文化的迅速发展。奋斗能够使人有丰富的文化。奋斗能够使人取得伟大的文化成就。奋斗能够影响人的文化生活。奋斗是有着浓厚的文化背景的。奋斗对于文化能够产生影响。奋斗有文化的内容。人能够卓有成效地把奋斗与文化传统联系在一起。

人的奋斗能够栩栩如生地反映出人的社会和文化生活。人的奋斗的风格会根据人所处的环境而有所改变。人的奋斗的表现是能够令人印象深刻的。人的奋斗一方面由人的文化基础而产生；另一方面又反作用于人的文化基础。奋斗能够传递人的印记，能够展现人的变化。奋斗能够赋予人所有的传统属性。奋斗能够给世界带来非凡的扩展。人在奋斗中是能够确立其历史地位的。

## 第四节　理性因素与奋斗

理性因素与奋斗有着紧密的关联。理性因素在奋斗中起着重要作用。理性因素对奋斗是影响非常大的。理性因素能够控制人的奋斗过程。

## 一、逻辑与奋斗

思维是物质发展的产物，具有高度组织的物质的属性，思维反映着客观现实及其规律和联系。思维及其规律乃是客观世界事物及其规律的反映，正是客观事物的逻辑，规定着主观思维的逻辑。也正是由于人们能掌握这种作为客观世界规律反映的逻辑规律，所以人们才能有正确思维和真正认识现实的逻辑力量。列宁在写于 1908 年 2—10 月的《唯物主义和经验批判主义（对一种反动哲学的批判）》一书中说道："如果不承认那种认为人的意识反映客观实在的外部世界的唯物主义理论，就必然会主张不属于任何人的感觉，不属于任何人的心理，不属于任何人的精神，不属于任何人的意志。"[①]逻辑思想的发展，到了在唯物辩证法认识指导之下，才有条件找到真正全面的科学观点和方法。

人的奋斗的规定是受逻辑引导的。奋斗与逻辑是有紧密的联系的。奋斗对人的思想层面有着非常重要的影响。人的天赋来源于奋斗。奋斗需要时间来反思。主宰奋斗的是奋斗化。人有奋斗，人就有理解力。从总体上看，奋斗完全可以反映人所走过的道路。人在奋斗中是能够找到自己的道路的。人在奋斗中能够积累十分宝贵的经验。人在奋斗中是能够有所发明的。人在奋斗中会获得一种积极意义。

奋斗能够开阔人的思维，可以让人思考。奋斗能够给人指

① 《列宁选集》第 2 卷，北京：人民出版社，2012 年，第 238 页。

引方向，能够为人确定走向，能够为人明确指出真正的方向。奋斗能够让人发现人的丰富的历史。奋斗能够把人的生活置于有决定意义的方向上。奋斗能够引导人前行。奋斗能够使人有极为丰富多彩的生活。奋斗能够全面地展示人的能力。奋斗能够让人得以认识自己，也能够让人明白奋斗实际上是什么样的东西。奋斗能够制造现实。

奋斗实际上是一种媒介。人要奋斗才能成才。奋斗是前进的动力。奋斗者所必须遵循的逻辑是奋斗的逻辑。就逻辑而言，过去的奋斗是现在的奋斗的序曲。过去的奋斗与现在的奋斗是有联系的。人的奋斗的过程本身就存在着很大的价值。奋斗完全不是任意的。奋斗终究是积极的。奋斗者的世界是一个与不奋斗者的世界相当不同的世界。逻辑思想在奋斗中的运用是有普遍意义的。

## 二、知识与奋斗

人的知识能够丰富人的奋斗。人在奋斗中通过知识是能够警醒过来的。人在奋斗中是需要丰富的知识的。人在奋斗中能够获致丰富的知识。人在奋斗的过程中是能够收获知识的，是能够收获快乐的。

奋斗能够充分展示出人的知识。奋斗能够显示出人的知识。奋斗能够让人积累许多美好的经验。奋斗能够给人留下宝贵的知识。奋斗能够使人获得足够的知识。奋斗能够使人对知识强烈渴求。奋斗会给人带来知识的增加。奋斗是人获得知识和观察世界的良好机会。奋斗是需要永远不断去磨炼的。奋斗是一个永远的进行时，是一种永恒的未完成。

人的奋斗是建立在知识基础之上的。人的奋斗乃是由知识来规定的。人的奋斗是需要渊博的知识的。人的奋斗向来是处于知识中的东西，是真正确定的东西。人的奋斗根本上乃是植根于真理之中的。

## 三、方法与奋斗

方法与奋斗有着密不可分的联系。正确的方法能够为奋斗指明方向，因而具有现实的指导意义。正确的方法能够对奋斗起到极大的推动作用。正确的方法能够以最有效的方式满足人的奋斗的需求。正确的方法能够为人的奋斗打下深刻烙印。

方法在奋斗中起着重要的作用。正确的方法对奋斗无疑具有非常重要的价值。人如果奋斗的话，就需要有效的方法。人在奋斗的时候，只有方法是正确的，才能容易出现效果。人在奋斗中对新的方法的采用，对奋斗者来说是一种极大的激励。人在奋斗的时候，方法能够赋予人以难以估量的神奇力量和独特风格。人要想奋斗，就需要了解奋斗的内容与方法。奋斗是人表达自己的一种方式。

马克思和恩格斯在写于1845年秋至1846年5月的《德意志意识形态。对费尔巴哈、布·鲍威尔和施蒂纳所代表的现代德国哲学以及各式各样先知所代表的德国社会主义的批判》一书中谈到方法时说道："我们不是从人们所说的、所设想的、所想象的东西出发，也不是从口头说的、思考出来的、设想出来的、想象出来的人出发，去理解有血有肉的人。我们的出发点是从事实际活动的人，而且从他们的现实生活过程中还可以描绘出这一生活过程在意识形态上的反射和反响的发展。甚至人们头脑中的模糊幻象也是他们的可以通过经验来确认的、与物质前提相联系的物质生活过程的必然升华物。因此，道德、宗教、形而上学和其他意识形态，以及与它们相适应的意识形式便不再保留独立性的外观了。它们没有历史，没有发展，而发展着自己的物质生产和物质交往的人们，在改变自己的这个现实的同时也改变着自己的思维和思维的产物。不是意识决定生活，而是生活决定意识。前一种考察方法从意识出发，把意识看做是有生命的个人。后一种符合现实生活的考察方法则从现实的、有生命的个人本身出发，把意识仅仅看做是他们的意识。"

"这种考察方法不是没有前提的。它从现实的前提出发，它一刻也不离开这种前提。它的前提是人，但不是处在某种虚幻的离群索居和固定不变状态中的人，而是处在现实的、可以通过经验观察到的、在一定条件下进行的发展过程中的人。只要描绘出这个能动的生活过程，历史就不再像那些本身还是抽象的经验主义者所认为的那样，是一些僵死的事实的汇集，也不再像唯心主义者所认为的那样，是想象的主体的想象活动。"

“在思辨终止的地方，在现实生活面前，正是描述人们实践活动和实际发展过程的真正的实证科学开始的地方。关于意识的空话将终止，它们一定会被真正的知识所代替。对现实的描述会使独立的哲学失去生存环境，能够取而代之的充其量不过是从对人类历史发展的考察中抽象出来的最一般的结果的概括。这些抽象本身离开了现实的历史就没有任何价值。它们只能对整理历史资料提供某些方便，指出历史资料的各个层次的顺序。但是这些抽象与哲学不同，它们绝不提供可以适用于各个历史时代的药方或公式。相反，只是在人们着手考察和整理资料——不管是有关过去时代的还是有关当代的资料——的时候，在实际阐述资料的时候，困难才开始出现。这些困难的排除受到种种前提的制约，这些前提在这里是根本不可能提供出来的，而只能从对每个时代的个人的现实生活过程和活动的研究中产生。”①

马克思在写于 1877 年 10—11 月的《给〈祖国纪事〉杂志编辑部的信》中犀利地批评了把他的个别原理普遍化的人：“他一定要把我关于西欧资本主义起源的历史概述彻底变成一般发展道路的历史哲学理论，一切民族，不管它们所处的历史环境如何，都注定要走这条道路——以便最后都达到在保证社会劳动生产力极高度发展的同时又保证每个生产者个人最全面的发展的这样一种经济形态。但是我要请他原谅。（他这样做，会给

① 《马克思恩格斯选集》第 1 卷，北京：人民出版社，2012 年，第 152—153 页。

我过多的荣誉，同时也会给我过多的侮辱。)”[①]

马克思坚决反对把它在《资本论》中关于西欧资本主义起源的历史概述变成一般发展道路的历史哲学理论。马克思在这里所强调的是要根据所处的历史环境作具体而生动的分析。马克思强调，只有对不同历史环境中的历史现象分别进行深入细致的研究，然后再把它们加以比较，才能找到理解这种现象的钥匙，如果使用一般历史哲学理论这把万能钥匙，那是永远达不到这种目的的。马克思指出：“因此，极为相似的事变发生在不同的历史环境中就引起了完全不同的结果。如果把这些演变中的每一个都分别加以研究，然后再把它们加以比较，我们就会很容易地找到理解这种现象的钥匙；但是，使用一般历史哲学理论这一把万能钥匙，那是永远达不到这种目的的，这种历史哲学理论的最大长处就在于它是超历史的。”[②]

世界上充满着矛盾，矛盾无所不在，无时不有，没有矛盾就没有世界。矛盾规律是事物的普遍规律。矛盾分析方法，是研究一切事物发展过程必须应用的根本方法。只有深入分析事物的内在矛盾，才能正确地分析事物发展的历史和现状，并推断事物发展的未来。

恩格斯在写于 1876 年 9 月至 1878 年 6 月的《反杜林论（欧根·杜林先生在科学中实行的变革）》一书中谈到方法时说

① 《马克思恩格斯选集》第 3 卷，北京：人民出版社，2012 年，第 730 页。
② 《马克思恩格斯选集》第 3 卷，北京：人民出版社，2012 年，第 730—731 页。

道："原则不是研究的出发点，而是它的最终结果；这些原则不是被应用于自然界和人类历史，而是从它们中抽象出来的；不是自然界和人类去适应原则，而是原则只有在符合自然界和历史的情况下才是正确的。这是对事物的唯一唯物主义的观点。"①

毛泽东（1893—1976年）在1942年5月在延安文艺座谈会上的讲话中谈到方法时说道："我们讨论问题，应当从实际出发，不是从定义出发。如果我们按照教科书，找到什么是文学、什么是艺术的定义，然后按照它们来规定今天文艺运动的方针，来评判今天所发生的各种见解和争论，这种方法是不正确的。我们是马克思主义者，马克思主义叫我们看问题不要从抽象的定义出发，而要从客观存在的事实出发，从分析这些事实中找出方针、政策、办法来。我们现在讨论文艺工作，也应该这样做。"②

奋斗严格讲起来都是对当时的现实社会的反映。如果脱离当时的现实社会，就很难透彻理解奋斗的真实情况。因此，人们在奋斗中，应该努力运用理论联系实际的科学的方法。

马克思在《资本论》第1卷中谈到辩证法时说道："辩证法，在其神秘形式上，成了德国的时髦东西，因为它似乎使现存事物显得光彩。辩证法，在其合理形态上，引起资产阶级及其空论主义的代言人的恼怒和恐怖，因为辩证法在对现存事物

① 《马克思恩格斯选集》第3卷，北京：人民出版社，2012年，第410页。

② 《毛泽东选集》第3卷，北京：人民出版社，1991年，第853页。

的肯定的理解中同时包含对现存事物的否定的理解，即对现存事物的必然灭亡的理解；辩证法对每一种既成的形式都是从不断的运动中，因而也是从它的暂时性方面去理解；辩证法不崇拜任何东西，按其本质来说，它是批判的和革命的。”[①]这是马克思对辩证法精神所做的最权威、最精辟的阐释。辩证法具有批判精神和革命精神。人如果没有辩证法的认知，就无法去追求奋斗的高度。奋斗如果没有辩证的思考，就很难有质的提高。

## 第五节　非理性因素与奋斗

非理性因素与奋斗有着紧密的关联。非理性因素在奋斗中起着重要作用。非理性因素对奋斗是影响非常大的。

### 一、好奇与奋斗

指向对人的发展至关重要。当人奋斗时，好奇是有益的。好奇是人奋斗的源泉。好奇心是人奋斗的强大动力。好奇心是对奋斗影响非常大的非理性因素。

好奇能够促进奋斗。好奇心在奋斗中具有重要性。好奇心对人的能力的发展起着至关重要的作用。保持好奇心会对人的总体奋斗质量起到至关重要的作用，乃至影响整个人类社会的

① 《马克思恩格斯选集》第2卷，北京：人民出版社，2012年，第94页。

发展。保持好奇心会使人在有限的奋斗中达到无限的广度。人越有好奇心，就越能使人充满可能性，就越能使人奋斗。人若将好奇心加以正确利用，将得到意料之外的回报。

奋斗依赖于不确定性、奥秘和对无知的意识。奋斗能够勾起人对未来的好奇。奋斗能够使人充满好奇。奋斗能够使人产生强烈且毫不倦怠的好奇心。人只要奋斗，就会有强大的好奇心。人只要奋斗，就要保持好奇心。后来的奋斗总会好于之前的奋斗。

## 二、需要与奋斗

奋斗能够满足人的需要。奋斗能够让人看到自己的伟大跨越，能够开启人的发展阶段。奋斗能够满足人的表现需要。由于奋斗能够使人充实，因此奋斗是必需的。

奋斗是人的实际需要。奋斗是人的迫切需要。奋斗是人所需要的。奋斗带有强烈的目的性。奋斗本质上有十分明确的目标。人在奋斗中是存在着需要的。人在奋斗时能够逐渐开始意识到自己的需要。奋斗对人是有所帮助的。

## 三、愿望与奋斗

人是有十分现实而又迫切的愿望的。人是有非常自然的愿望的。人是怀着愿望奋斗的。人在奋斗中是有一个愿望的方向的。因此，对人来说，人的奋斗乃是通向人的至高愿望的桥梁。

奋斗能够表达出人的愿望。奋斗能够为人建立起满足人的愿望的大厦。奋斗能够满足人的愿望。在奋斗中寄托着人的美好愿望。在奋斗中包含着人的美好愿望。愿望在人的奋斗中是占据着很重要的位置的。当人奋斗时，人是充满着希望的。

## 四、情感与奋斗

人能够为奋斗注入情感。在奋斗中能够全方位地展示人的情感。人通过奋斗可以表现自己的崇高的情怀。

奋斗能够使人焕发出热烈的情感。奋斗能够使人抒发情感。奋斗能够使人充满情感。奋斗能够倾注人的全部情感。奋斗能够充分表现人的内心情感。奋斗能够传递出人的情感的意义。奋斗可以将人的情感表达出来。奋斗可以满足人对情感的渴求。

人在奋斗中是能够有炽热的情感的。人在奋斗中是能够不断表达自己的情感的。人的奋斗能够让人的情感燃烧起来。人的奋斗唯有从内在的情感中才能获得感动的力量。人要想坚持奋斗，没有执着的情感是不可能的。人只有怀着情感，才能无与伦比地致力于奋斗。人的奋斗是带有强烈的情感的东西。

## 五、意志与奋斗

奋斗能够引导人。奋斗能够使人具有坚韧不拔的意志力。奋斗能够使人具有坚强的意志。奋斗能够传递出人的意志的意义。奋斗能够传递出人的意境。

人的奋斗是连接人的一切可能性的桥梁。人是有奋斗不息的意志的。人的奋斗是支配人的意志的力量。人要想坚持奋斗，没有坚强的意志是不可能的。

## 六、想象与奋斗

奋斗能够引导人的想象空间。奋斗能够对人的想象产生很大的影响。奋斗能够使人具有富于高度智慧的想象力。奋斗能够使人具有丰富的想象力。奋斗能够将人的想象力推到极限。奋斗能够赋予人生命力。

人在奋斗中是有想象的世界的。人在奋斗中是有想象的生活的。人在奋斗中可以纵情驰骋在想象中。人在奋斗的过程中，人的想象力和创造力会层出不穷地涌现。人在奋斗的过程中是有着取之不竭的想象力的。人在奋斗的过程中是有着惊人的想象力的。人要想奋斗，就需要想象力。

## 七、理想与奋斗

人对未来的追求就是理想。理想是人对未来的合理期望和改变现实的活动目标。理想是人的最高的奋斗目标与奋斗追求。理想蕴含于深层奋斗之中，是奋斗的核心和灵魂，支撑着奋斗的存在与发展。因而，理想与奋斗的存在与发展有着密切的关系。

奋斗能够使人孜孜以求自己的理想。奋斗实际上能够使人去追求理想。奋斗能够使人达到理想的境界。奋斗能够反映人的理想的精神境界。奋斗能够被高度理想化。奋斗寄托着人对理想的向往。奋斗无疑是展现人的理想的工具。奋斗是实现理想的不可或缺的因素。

人的奋斗能够成为人的理想的来源。人的奋斗能够将人带到理想的境界。人的奋斗能够承担起人的一切理想。人的奋斗的背后是人对理想生活的诉求。人在奋斗中能够全方位地展示人的理想概念。人在奋斗中不仅能够追求近的理想，而且能够追求遥远的理想。人在奋斗时，理想能够赋予人以难以估量的神奇力量和独特风格。人在奋斗时是能够产生出理想的。人要奋斗，就必须耐住性子，不被诱惑，这需要有理想。人只有奋斗，才能产生理想。人只有奋斗，才能实现理想。

## 八、信念与奋斗

奋斗能够支撑人的信念。奋斗能够使人守护自己的信念。奋斗能够为人指明方向，能够将人带到永恒的精神境界。奋斗对于树立和巩固信念具有重要意义。有什么样的奋斗，就有什么样的信念。

人要想坚持奋斗，没有虔诚的信念是不可能的。人在奋斗中是有坚定不移的和正确的信念的。人的奋斗能够从根本上改变人的错误的信念。从来没有一劳永逸的奋斗。换句话说，奋斗永远在路上。由于奋斗是一个过程，因此，信念必定是一个动态的过程。

从一定的意义上讲，信念是奋斗的灵魂。首先，从信念的内涵来说，信念本身就是奋斗观念的反映，是奋斗观的集中体现。人在奋斗活动中，会对奋斗及奋斗关系有一个基本的认识和把握，其中一些核心的观念会沉淀下来，并在奋斗中被人所确认、所追求，继而逐渐上升到信念的高度。也就是说，信念原本就是人对于奋斗的认识和反映的结果，信念蕴含着人的奋斗追求，是奋斗的根本。其次，从奋斗的构成内容来看，信念亦涵括其中。信念是奋斗的灵魂，指引着奋斗发展的根本方向。由此可见，奋斗的内容与信念联系紧密，信念既是奋斗的重要内容，又是奋斗的根本与灵魂。

信念对于奋斗而言，有着非凡的意义。信念是奋斗的动力，是奋斗的支柱。有什么样的信念，就有什么样的奋斗。信念决定着奋斗，影响着奋斗，关系到奋斗的成败。信念对奋斗的发展有至关重要的意义。因此，必须高度重视信念问题。

## 第六节　小　　结

对人来说，人世间没有一个奋斗的领域是封闭的。对人来说，奋斗显然具有特殊的重要性。奋斗能够让人有很大的收获。奋斗能够主导人的意义。奋斗能够让人变得好。奋斗能够改变人的生活，能够使人变得更好。奋斗能够改变人，让人显得有意义。奋斗能够使人发生变化。奋斗能够使人处于充满创造力的阶段。奋斗能够使人取得惊人的成就。奋斗能够使人具有旺盛的生命力。奋斗能够为人带来机会。奋斗能够鼓舞人。奋斗能够使人达到登峰造极的境界。奋斗能够使人创造奇迹。奋斗能够为人开辟道路。奋斗能够让人超越自身。奋斗能够让人前行。奋斗能够使人把时间握在手中，与时间融合。

奋斗能够对人产生影响，能够对人造成极大的影响，能够对人发挥持续的影响力。奋斗能够伴随和影响人生。奋斗能够对人的发展产生深远的影响。奋斗能够表现出人的形象。奋斗不仅能够美化人，而且能够深化人。奋斗不仅能够使人观察自己，而且能够使人观察世界。奋斗不仅能够使人理解自己，而且能够使人理解世界。

奋斗是极不寻常的。奋斗是一个让人不断超越自我、超越时代的过程。奋斗是人了解自己的方式和不断前进的动力。奋斗是人得以发展的重要因素。奋斗是一种主动的而不是被动的存在。奋斗是发展的而不是停滞不动的。奋斗就是力量。奋斗是人的经历。奋斗是具有历史性的意义的。奋斗是具有丰富的意义的。奋斗是具有持久不衰的魅力的。奋斗是不可能没有意义的。奋斗都是社会性的。

人对奋斗是能够有确切的了解的。人对奋斗是能够有深刻的印象的。人通过奋斗能够达到自我净化。人的每次奋斗都能够使人发生变化。人的每次奋斗都会变成人的恩惠，都会变成人的帮助和人的动力。人在奋斗中能够充实起来。人从奋斗的生活中能够不断充实自己。人越奋斗，就越有生命力。人可以从奋斗中汲取力量。人的持久的生命力体现在奋斗中。人的整个奋斗是人的整个经历。人能够紧随着奋斗，紧随着人的发展的进程。人能够领悟奋斗的意义。人只有奋斗，才能理解正确的生活。如果人有奋斗，那么人始终都是有创造性的。人深受奋斗的影响。人们对奋斗的发展的基本规律是需要了解的。

奋斗与人是息息相关的。奋斗对于人的视野必定有所启发。奋斗对于人具有很大的影响。奋斗对于人是很有益处的。奋斗对于人的发展是有积极影响的。奋斗对于人的发展是意义非凡的。奋斗使人具有的生命力是无与伦比的。真正的奋斗不仅是利人的，而且是利己的。奋斗对于人是很有吸引力的。在奋斗的形态上，固定不变的奋斗和流动变化的奋斗都同样在吸引人。在奋斗中蕴含着积极生活的丰富资源。人的奋斗的目的在于表现生活。这是人的奋斗之根。奋斗在当时能够对人产生巨大影响。因此，奋斗得到人们的高度赞赏是合情合理的。奋斗的一切方面均是过程。人的奋斗的表现是能够令人印象深刻的。

奋斗不能没有作为对象的客体，也离不开主体自身，而主体自身的条件是进行奋斗的决定性环节。人们的奋斗都具有时代的局限性，奋斗主体所处时代的不同影响其奋斗结果的不同。奋斗主体自身由于其肉体与精神状态的差异，由于奋斗主体的种种特性，影响其奋斗活动。奋斗主体是从事奋斗的决定性环节。

对生理基础、心理基础、文化基础、理性因素以及非理性因素这些主体因素分别加以研究是可以的，而实际上这些主体因素是内在地交织和渗透在一起，形成一个有机统一的整体，综合发挥作用的。

# 第七章　奋斗的宏观机制

人的奋斗是有宏观的大环境的。人的奋斗只有融入宏观的大环境时，才能兴旺。人的奋斗与人的成长经历是密不可分的。社会为人的奋斗规定着条件。人的奋斗都直接或间接地依赖于社会结构。人的奋斗脱离了社会环境就无法得到充分理解。人的奋斗是有根源的。人的奋斗是离不开社会环境的。所谓社会环境是指人类生存及活动范围内的社会物质、精神条件的总和，广义上包括整个社会经济文化体系，狭义上仅指人类生活的直接环境。本书谈的是广义上的社会环境，也就是我们所处的社会政治环境、经济环境、法制环境、科技环境、文化环境等宏观因素。社会环境对人的奋斗起着重要作用，同时人的奋斗对社会环境产生深刻的影响。社会环境不仅对人的形成起着重要作用，而且对人的发展也起着重要作用，而人类在适应改造社会环境的过程中也在不断变化和发展。

奋斗是受历史规律所制约的。人的奋斗的生成和发展，不仅取决于人是否拥有从事奋斗活动的本质力量，而且取决于社会历史条件，取决于社会历史条件提供给人的奋斗活动的时间和空间。因此，人的奋斗的生成和发展是具有社会历史性的。

人只有在改造外部世界的同时也改变着自身，才能得到全面的发展。人只有通过自身的发展更有效地改造自然和社会，自然和社会才能得到全面的进步。人的奋斗的发展，是在许多社会因素的相互作用中实现的。人的奋斗不仅依赖于现有的社会生产力，而且受社会生产关系的制约。人的奋斗不仅受经济基础的制约，而且受上层建筑的制约。从宏观上说，即从根本上说，人们怎样才能充分奋斗呢？人们怎样才能为充分奋斗创造条件呢？人们对于奋斗的宏观机制是需要正确理解的。

## 第一节　生产力与奋斗

人的奋斗是建立在生产关系的基础之上的。有什么样的生产关系，就有什么样的奋斗。而生产关系又是建立在生产力的基础之上的。有什么样的生产力，就有什么样的生产关系。

### 一、生产力的含义

生产力亦称社会生产力。生产力是人们利用自然、改造自然的能力。生产力表示人们在生产过程中对自然界的关系。生产力和生产关系是社会生产不可分割的两个方面。生产力要素包括：第一，具有一定科学技术知识、生产经验和劳动技能的劳动者；第二，同一定的科学技术相结合的、以生产工具为主的劳动资料；第三，劳动对象。劳动对象和劳动资料合称生产资料。由于只有劳动者才能制造和改进生产工具，掌握和使用生产资料，因此劳动者是生产力的首要的能动的要素。生产工具是生产力发展水平的物质标志。科学技术越来越广泛地运用于工农业生产，通过对生产力各个要素的作用，促进或决定生产力的发展。从这一意义上说，科学技术是第一生产力。生产力是社会生产中最活跃、最革命的因素，在社会生产发展过程中起主要的决定的作用。生产关系一定要适合生产力性质的规律，是人类社会发展的基本规律。

## 二、生产力与奋斗的关系

生产力在奋斗过程中发挥着至关重要的作用。从源头来说，奋斗是和生产有关的。奋斗能够造就人类社会前所未有的物质生活的繁荣。奋斗能够实现改造社会的理想。人唯有奋斗，才能释放出最大的生产力，人才能得到真正的发展，创造出真正有价值的东西，社会才能获得真正的进步。奋斗能够成为推动社会发展的原动力。奋斗具有生产属性。

社会发展史表明：人类从洪荒时代走入信息社会，归根结底靠的是生产力的发展。生产力的发展离不开奋斗。如果没有奋斗，就没有人类社会的今天。

# 第二节　生产关系与奋斗

人的奋斗是具有必然的趋向的。生产关系在人的奋斗中是发挥至关重要的作用的。

## 一、生产关系的含义

生产关系亦称社会生产关系。生产关系是人们在物质资料生产过程中相互结成的社会关系。为了进行生产，人们便发生一定的、必然的、不以他们的意志为转移的联系和关系；只有在这些社会联系和社会关系的范围内，才会有他们对自然界的关系，才会有生产。生产关系和生产力是社会生产不可分割的两个方面。一定的生产关系是在一定的生产力的基础上产生的，反过来又促进或阻碍生产力的发展。生产关系是一种物质利益关系，是一切社会关系中最基本的关系，政治、文化等其他方面的社会关系，都是在生产关系的基础上产生和建立起来的。生产关系的总和构成社会的经济基础。生产关系的内容包括人们在物质资料的生产、分配、交换、消费诸过程中的关系。生产关系体现在生产、分配、交换和消费四个环节之中。恩格斯在《反杜林论（欧根·杜林先生在科学中实行的变革）》一书中把生产关系概括为“人类各种社会进行生产和交换并相应地进行产品分配的条件和形式”[①]。斯大林在 1952 年 2—9 月

① 《马克思恩格斯选集》第 3 卷，北京：人民出版社，2012 年，第 528 页。

就苏联1951年11月经济问题讨论会的有关问题而写的《苏联社会主义经济问题》一书中把生产关系的具体内容概括为三个方面：第一，生产资料所有制形式；第二，各种不同社会集团在生产中的地位和相互关系；第三，产品分配形式。斯大林说道："人们的生产关系，即经济关系。这里包括：（一）生产资料的所有制形式；（二）由此产生的各种社会集团在生产中的地位以及他们的相互关系，或如马克思所说的，'互相交换其活动'；（三）完全以它们为转移的产品分配形式。"[①]生产关系的三个方面相互联系、相互作用，形成有机整体。其中，生产资料所有制形式起决定作用，是生产关系的最基本的方面，是全部生产关系的基础，决定生产关系的性质，决定生产关系中其他两个方面。生产关系的后两个方面又反过来影响生产资料所有制形式。

根据生产资料的所有制形式，可以从总体上把生产关系划分为两种基本类型：第一，以生产资料公有制为基础的生产关系，包括原始公社的生产关系、社会主义的生产关系和共产主义的生产关系；第二，以生产资料私有制为基础的生产关系，包括奴隶制生产关系、封建制生产关系、资本主义生产关系。除了以上两种基本的生产关系类型之外，在新旧社会形态交替时期，常出现过渡性的生产关系，如原始社会向奴隶社会过渡时期的氏族制残余和奴隶制萌芽相结合的家

① 《斯大林选集》下卷，北京：人民出版社，1979年，第594页。

庭奴隶制；奴隶社会向封建社会过渡时期的奴隶制残余和封建制相结合的隶农制；资本主义向社会主义过渡时期的国家资本主义生产关系；等等。历史上长期存在的个体劳动者私有制的生产关系，一般都从属于该社会中占统治地位的生产关系，并受其支配。

生产关系与生产力是不可分割的统一体。生产力和生产关系的统一构成社会生产方式。在生产方式中，生产力决定生产关系，一定的生产关系的产生、发展与变革都是由生产力决定的。生产关系对生产力具有能动的反作用。当生产关系适合生产力的性质和发展要求时，生产关系会促进生产力的发展，成为生产力发展的有效形式；当生产关系不适合生产力的性质和发展要求时，生产关系会阻碍甚至破坏生产力的发展，成为生产力发展的桎梏。

## 二、生产关系与奋斗的关系

社会特性对于奋斗具有决定作用。奋斗具有社会意义。只有当奋斗融入社会时，奋斗才能兴旺。奋斗只有充分表现社会环境，才能被人理解。奋斗是能够得到社会的认可的。奋斗是能够受到逐渐进步的社会环境的影响的。奋斗需要社会环境。奋斗从不脱离大的历史环境独立而生。奋斗是源于社会的需求的。奋斗能够为人提供一个相对安定的环境。奋斗对社会能够产生深远的影响。奋斗能够令人难忘地彰显社会的本质。奋斗能够客观地反映社会。奋斗能够展现人的个性，并反映人对自

克思和恩格斯说的“同传统的所有制关系实行最彻底的决裂”，就是指实现制度的摆正。马克思和恩格斯说的“同传统的观念实行最彻底的决裂”，就是指实现观念的摆正。

人们一方面必须同私有制实行最彻底的决裂，从私有制中解脱出来，建立公有制；另一方面，也必须同时同私有制的观念实行最彻底的决裂，从私有制的观念中解脱出来，树立公有制的观念，实现观念的更新。只有这样，才能实现人的奋斗与社会的互动：人的奋斗促进社会的进步；社会的进步又反过来促进人的奋斗。

马克思和恩格斯所主张的两个决裂，必须同时进行。只重视前一个决裂而忽视后一个决裂，是不够的。只重视后一个决裂而忽视前一个决裂，也是不够的。只有两个决裂同时摆正了，人们才能充分奋斗，才能为充分奋斗创造良好的宏观条件。

# 第八章　思维与认识

思维与认识的关系十分密切。思维在认识中具有重要作用。人们总是生活在现实世界中，总是离不开一定的自然界和社会环境。人类从其产生之日起，为了自己的生存、延续和发展，就每日每时地同自然界打交道，彼此间相联系，在这种交互作用、相互联系中，通过思维反映、认识自然界和社会，进而建立了认识自然界和社会事物现象和本质的自然科学和社会科学。哲学则是自然科学知识和社会科学知识的概括和总结。哲学除了研究自然界和社会的一般发展规律外，还要研究人类的认识发展规律，即研究人类为什么能够和怎样认识客观的现实世界。人类就是在不断认识客观世界的同时，对主观世界进行认识，以及认识主观世界与客观世界的关系。

恩格斯在写于 1873—1882 年的《自然辩证法》一书中说道："一个民族要想站在科学的最高峰，就一刻也不能没有理论思维。""但是理论思维无非是才能方面的一种生来就有的素质。这种才能需要发展和培养，而为了进行这种培养，除了学习以往的哲学，直到现在还没有别的办法。”[①]这就明确地告诉人们，研究思维与认识的关系，对于锻炼理论思维能力，指导自然科学发展和社会科学发展，具有重要作用。

认识的真正任务在于发现事物发展的规律，而规律是眼睛看不见、手摸不着的。要在纷繁复杂的信息中找到事物之间的内在联系，发现规律，单靠感觉是无能为力的，只有通过思维才能办到。在世界上，许多现象之间，表面看来并无联系，可是通过思考却可以发现其中的规律性。尤其在社会领域中，要从错综复杂、变化迅速的社会现象中理出头绪，发现规律，就更加需要高度的科学思维能力。马克思在《资本论》第 1 卷中指出：“分析经济形式，既不能用显微镜，也不能用化学试剂。二者都必须用抽象力来代替。”[②]

## 第一节　客观性思维与认识

客观性思维与认识的关系十分密切。客观性思维在认识中具有重要作用。对于客观性思维与认识的关系，对于客观性思维在认识中的重要作用，必须实事求是地分析评价。

恩格斯在《自然辩证法》中说道：“每一个时代的理论思维，包括我们这个时代的理论思维，都是一种历史的产物，它

① 《马克思恩格斯选集》第 3 卷，北京：人民出版社，2012 年，第 873—875 页。
② 《马克思恩格斯选集》第 2 卷，北京：人民出版社，2012 年，第 82 页。

在不同的时代具有完全不同的形式，同时具有完全不同的内容。因此，关于思维的科学，也和其他各门科学一样，是一种历史的科学，是关于人的思维的历史发展的科学。这一点对于思维在经验领域中的实际运用也是重要的。”①

恩格斯在《反杜林论（欧根·杜林先生在科学中实行的变革）》中说道：“原则不是研究的出发点，而是它的最终结果；这些原则不是被应用于自然界和人类历史，而是从它们中抽象出来的；不是自然界和人类去适应原则，而是原则只有在符合自然界和历史的情况下才是正确的。这是对事物的唯一唯物主义的观点。”②

毛泽东在 1942 年 5 月在延安文艺座谈会上的讲话中说道：“我们讨论问题，应当从实际出发，不是从定义出发。如果我们按照教科书，找到什么是文学、什么是艺术的定义，然后按照它们来规定今天文艺运动的方针，来评判今天所发生的各种见解和争论，这种方法是不正确的。我们是马克思主义者，马克思主义叫我们看问题不要从抽象的定义出发，而要从客观存在的事实出发，从分析这些事实中找出方针、政策、办法来。我们现在讨论文艺工作，也应该这样做。”③

思维严格讲起来都是对当时的现实社会的反映。如果脱离当时的现实社会，就很难透彻理解思维的真实情况。因此，人

① 《马克思恩格斯选集》第 3 卷，北京：人民出版社，2012 年，第 873—874 页。

② 《马克思恩格斯选集》第 3 卷，北京：人民出版社，2012 年，第 410 页。

③ 《毛泽东选集》第 3 卷，北京：人民出版社，1991 年，第 853 页。

们的思维应该努力联系实际。

人的思维能够使人的认识远远超出感知的界限。列宁在写于1895—1916年的《哲学笔记》中说道："表象不能把握整个运动，例如它不能把握秒速30万公里的运动，而思维则把握而且应当把握。"①

列宁在《哲学笔记》中还说道："概念（认识）在存在中（在直接的现象中）揭露本质（因果、同一、差别等等规律）——整个人类认识（全部科学）的一般进程确实如此。自然科学和政治经济学〔以及历史〕的进程也是如此。所以，黑格尔的辩证法是思想史的概括。从各门科学的历史来更具体地更详尽地研究这点，会是一个极有裨益的任务。总的说来，在逻辑中思想史应当和思维规律相吻合。"②

范畴是认识之网上的纽结，是理性思维的结晶。人类的认识就是由普通的概念精炼为哲学的范畴，哲学范畴的内涵又从简单到复杂、由抽象到具体、由贫乏到丰富不断发展。哲学范畴之间的相互演进、转化、递续而形成认识之网上的纽结系列，则标志着人类认识的提高、深化、精确。

恩格斯在《卡尔·马克思〈政治经济学批判。第一分册〉》中说道："黑格尔的方法以其现有的形式是完全不能用的。它实质上是唯心的，而这里要求发展一种比从前所有世界观都更加唯物的世界观。它是从纯粹思维出发的，而这里必须从最过硬

① 《列宁全集》第55卷，北京：人民出版社，2017年，第197页。

② 《列宁全集》第55卷，北京：人民出版社，2017年，第289页。

的事实出发。”①

研究认识，必须同研究其他问题一样，要从客观事实出发，实事求是，只有这样做，才能真实地客观地反映客观真相和认识全貌。人们必须从认识发展的实际出发，实事求是地分析、研究认识，才能从中找寻到认识发展的一般规律。

在人类的思维史上，人的思维的产生和发展经历着一个漫长的由低级到高级、由简单到复杂、由肤浅到深化的历史发展过程。在最初的岁月里，人的思维极为简单低下，超出动物界不多，以至于把自己作为自然界的一部分，没有把自己同自然界分开。正如列宁在《哲学笔记》中所说的：“在人面前是自然现象之网。本能的人，即野蛮人，没有把自己同自然界区分开来。自觉的人则区分开来了，范畴是区分过程中的梯级，即认识世界的过程中的梯级，是帮助我们认识和掌握自然现象之网的网上纽结。”②

最原初本能的人，没有也无法形成对世界的总体认识。伴随着社会的发展，生产力的提高，人的认识逐渐深化了，思维能力逐渐提高了，人们开始思考各种自然现象和自身内部的各种现象。马克思和恩格斯在《德意志意识形态。对费尔巴哈、布·鲍威尔和施蒂纳所代表的现代德国哲学以及各式各样先知所代表的德国社会主义的批判》中说道：“这些个人所产生的观念，或者是关于他们对自然界的关系的观念，或者是关于他们

① 《马克思恩格斯选集》第2卷，北京：人民出版社，2012年，第12页。

② 《列宁全集》第55卷，北京：人民出版社，2017年，第78页。

之间的关系的观念，或者是关于他们自身的状况的观念。显然，在这几种情况下，这些观念都是他们的现实关系和活动、他们的生产、他们的交往、他们的社会组织和政治组织有意识的表现，而不管这种表现是现实的还是虚幻的。相反的假设，只有在除了现实的、受物质制约的个人的精神以外还假定有某种特殊的精神的情况下才能成立。如果这些个人的现实关系的有意识的表现是虚幻的，如果他们在自己的观念中把自己的现实颠倒过来，那么这又是由他们狭隘的物质活动方式以及由此而来的他们狭隘的社会关系造成的。”①

从本能的人产生之日起，人类祖先就迈出了关键的第一步，即从猿转变到人，这是历史性的质变、突破。从此，人就不同于动物而优于动物。从野蛮人到智人再到现代人，人类经历着漫长的演化过程。人类是由分化而产生的。恩格斯在《自然辩证法》中说道：“从最初的动物中，主要由于进一步的分化而发展出了动物的无数的纲、目、科、属、种，最后发展出神经系统获得最充分发展的那种形态，即脊椎动物的形态，而在这些脊椎动物中，最后又发展出这样一种脊椎动物，在它身上自然界获得了自我意识，这就是人。”②人产生之后，作为万物之灵，方有自觉的思维。因此，研究思维与认识的关系，必须从客观性思维与认识的关系入手，这样才能揭示人类认识的发生、发展之谜。

---

① 《马克思恩格斯选集》第1卷，北京：人民出版社，2012年，第151页。

② 《马克思恩格斯选集》第3卷，北京：人民出版社，2012年，第858页。

## 第二节　辩证性思维与认识

辩证性思维与认识的关系十分密切。辩证性思维在认识中具有重要作用。对于辩证性思维与认识的关系，对于辩证性思维在认识中的重要作用，必须实事求是地分析评价。

马克思在《资本论》第1卷中谈到辩证法时说道："辩证法，在其神秘形式上，成了德国的时髦东西，因为它似乎使现存事物显得光彩。辩证法，在其合理形态上，引起资产阶级及其空论主义的代言人的恼怒和恐怖，因为辩证法在对现存事物的肯定的理解中同时包含对现存事物的否定的理解，即对现存事物的必然灭亡的理解；辩证法对每一种既成的形式都是从不断的运动中，因而也是从它的暂时性方面去理解；辩证法不崇拜任何东西，按其本质来说，它是批判的和革命的。"①这是马克思对辩证法精神所做的最权威最精辟的阐述。辩证法具有批判精神和革命精神。人如果没有辩证法的认知，就无法去追求认识的高度。认识如果没有辩证的思考，就很难有质的提高。

列宁在《卡尔·马克思》中说道："辩证法，按照马克思的理解，同样也根据黑格尔的看法，其本身包括现在称之为认识论的内容，这种认识论同样应当历史地观察自己的对象，研究并概括认识的起源和发展，从不知到知的转化。"②这就指明了

① 《马克思恩格斯选集》第2卷，北京：人民出版社，2012年，第94页。

② 《列宁选集》第2卷，北京：人民出版社，2012年，第422页。

马克思主义认识论应当研究、概括认识的起源和发展的全部过程，研究思维亦理应研究、概括认识的起源和发展的全部过程。

人类思维源远流长，在其漫长而悠久的历史发展过程中，既不是“周而复始”的循环运动，也不是“一帆风顺”的直线前进，而是在艰苦曲折中合乎规律地螺旋式上升发展。在这个充满着矛盾、经历了曲折的发展过程中，呈现着发展的阶段性，近似于“圆圈”。黑格尔把哲学史的发展比做圆圈，列宁对此十分赞赏，认为这是“非常深刻而确切的比喻!! 每一种思想=整个人类思想发展的大圆圈（螺旋）上的一个圆圈”[①]。人类思维在其历史发展过程中，也表现出其固有的“圆圈”。人们在研究人类认识时，要从中发现认识的“圆圈”。尽管人类诞生后的最初时期，人类的思维还十分低下，处于蒙昧时代，但却具有人所特有的自觉的思维。人类的思维能够使人类能动地认识世界和改造世界。

人的思维具有至上性和不至上性。恩格斯在《反杜林论（欧根·杜林先生在科学中实行的变革）》中说道：“一方面，人的思维的性质必然被看做是绝对的，另一方面，人的思维又是在完全有限地思维着的个人中实现的。这个矛盾只有在无限的前进过程中，在至少对我们来说实际上是无止境的人类世代更迭中才能得到解决。从这个意义来说，人的思维是至上的，同

① 《列宁全集》第55卷，北京：人民出版社，2017年，第207页。

样又是不至上的，它的认识能力是无限的，同样又是有限的。按它的本性、使命、可能和历史的终极目的来说，是至上的和无限的；按它的个别实现情况和每次的现实来说，又是不至上的和有限的。”[①]

人的思维、人的认识是矛盾的。一方面，作为整个人类的思维和认识，是一个纵横交错、世代相继的无限发展过程，思维的使命就在于通过社会实践，不断地认识世界，只要人类在改造世界的社会实践中无限地延续下去，主客观之间就没有不可逾越的鸿沟，客观世界的一切发展变化，就可能不断地被认识。因此，人的思维、认识能力是至上的、无限的。另一方面，人的认识又是在完全有限的思维着的个人中实现的。而个人的思维和认识，总是在主观上受到经验、水平、精力乃至阶级的局限，客观上受到事物暴露程度、社会实践水平、科学水平、社会政治制度以及其他条件等的局限。因此，人的思维、认识能力，又是非至上的、有限的。思维的至上性是在一系列非常不至上的思维着的人们中实现的，这当然是矛盾的。人的认识，就是在这种至上和非至上、有限和无限的矛盾运动中发展的。这个矛盾只有通过人类生活的无限延续，才能得到解决。

人的认识充满着矛盾，人的认识既是至上的，又是不至上的；人的认识能力是无限的，又是有限的。就个别的实现和个人的认识能力来说是不至上的和有限的，就整个人类的生命延

① 《马克思恩格斯选集》第3卷，北京：人民出版社，2012年，第463页。

续和认识能力来说是至上的和无限的，就人类认识的本性、使命和历史的终极目的来说，世界是可以被逐渐认识的，只有现在这一代人没有认识的事物，没有最终不可认识的事物。因此，世界是可知的，不是不可知的。

在人类的认识史上，确实有些人，由于不了解、不理解人类认识发展的辩证法，只看到个人生命、认识能力的有限性，而没有看到人类生命、认识能力的无限性，从而夸大了有限性，否定了无限性，最终得出不可知论的结论。诚然，不可知论者的理由还有种种，但由于不可知论者没有解决认识的有限性与无限性矛盾发展的辩证法，则是一个最主要的原因。就人类认识发展的进程、基本的倾向来说，可知论是主流，占主导地位，不可知论则是非主流，占次要地位。虽然如此，在探讨人类认识发展史时，切不可忽视不可知论者的观点和理由。

唯物辩证法，承认事物的相对性，而不归结为相对主义。列宁在《唯物主义和经验批判主义》中说道："辩证法，正如黑格尔早已说明的那样，包含着相对主义、否定、怀疑论的因素，可是它并不归结为相对主义。马克思和恩格斯的唯物主义辩证法无疑地包含着相对主义，可是它并不归结为相对主义，这就是说，它不是在否定客观真理的意义上，而是在我们的知识向客观真理接近的界限受历史条件制约的意义上，承认我们一切知识的相对性。"①

① 《列宁选集》第2卷，北京：人民出版社，2012年，第97页。

可知与不可知的问题，在人类发展史上，是人们经常探索、研究的一个重要认识论问题。纵观人类发展史，人们可以清楚地看到，绝大多数人都是肯定客观世界是可以认识的，人的感官和思维是可以认识事物及其规律的。但也有少数人，由于看到了人的认识能力、生命的有限性，客观物质世界的无限性和知识的无限性，从而夸大了有限与无限，有涯与无涯的差别性，以至于把二者的界限绝对化，割裂了二者关系，没有很好地解决这一对矛盾，最终陷入了不可知论。认识的不可知论，就其结论来说是错误的，就人类认识史来说，是人类认识发展中所不可避免的必然认识现象，这就为人们总结人类思维认识的经验教训提供了宝贵的思想资料。因此，人们不能简单地排斥、抹杀不可知论在人类认识发展史上的特殊作用。

毛泽东在《实践论》中说道："唯心论和机械唯物论，机会主义和冒险主义，都是以主观和客观相分裂，以认识和实践相脱离为特征的。以科学的社会实践为特征的马克思列宁主义的认识论，不能不坚决反对这些错误思想。马克思主义者承认，在绝对的总的宇宙发展过程中，各个具体过程的发展都是相对的，因而在绝对真理的长河中，人们对于在各个一定发展阶段上的具体过程的认识只具有相对的真理性。无数相对的真理之总和，就是绝对的真理。客观过程的发展是充满着矛盾和斗争的发展，人的认识运动的发展也是充满着矛盾和斗争的发展。一切客观世界的辩证法的运动，都或先或后地能够反映到人的认识中来。社会实践中的发生、发展和消灭的过程是无穷的，人的认识的发生、发展和消灭的过程也是无穷的。根据于一定的思想、理论、计划、方案以从事于变革客观现实的实践，一次又一次地向前，人们对于客观现实的认识也就一次又一次地深化。客观现实世界的变化运动永远没有完结，人们在实践中对于真理的认识也就永远没有完结。马克思列宁主义并没有结束真理，而是在实践中不断地开辟认识真理的道路。我们的结论是主观和客观、理论和实践、知和行的具体的历史的统一，反对一切离开具体历史的'左'的或右的错误思想。"[①]

人们只有在主观和客观、理论和实践、知和行的辩证统一中，不断地认识世界、发现真理，才能不断地改造世界。

## 第三节　实践性思维与认识

实践性思维与认识的关系十分密切。实践性思维在认识中具有重要作用。对于实践性思维与认识的关系，对于实践性思维在认识中的重要作用，必须实事求是地分析评价。

由于人有意识、有目的地改变自然界、支配自然界，并思索自身与周围环境的各种现象的联系、关系，这样就推动了人的智力、思维的发展。人的智力、思维能力、认识能力是伴随物质生产活动和社会生活的发展而发展的。正如恩格斯在1876年5—6月写成的《劳动在从猿到人的转变中的作用》一文中

① 《毛泽东选集》第1卷，北京：人民出版社，1991年，第295—296页。

所说的："事实上，我们一天天地学会更正确地理解自然规律，学会认识我们对自然界习常过程的干预所造成的较近或较远的后果。特别自本世纪自然科学大踏步前进以来，我们越来越有可能学会认识并从而控制那些至少是由我们的最常见的生产行为所造成的较远的自然后果。而这种事情发生得越多，人们就越是不仅再次地感觉到，而且也认识到自身和自然界的一体性，那种关于精神和物质、人类和自然、灵魂和肉体之间的对立的荒谬的、反自然的观点，也就越不可能成立了。"①

恩格斯在《劳动在从猿到人的转变中的作用》一文中说道："人离开动物越远，他们对自然界的影响就越带有经过事先思考的、有计划的、以事先知道的一定目标为取向的行为的特征。"②随着实践的发展，思维在人类认识中的作用，也就越来越大。

马克思在《关于费尔巴哈的提纲》中说道："人的思维是否具有客观的〔gegenständliche〕真理性，这不是一个理论的问题，而是一个实践的问题。人应该在实践中证明自己思维的真理性，即自己思维的现实性和力量，自己思维的此岸性。关于思维——离开实践的思维——的现实性或非现实性的争论，是一个纯粹经院哲学的问题。"③

列宁在《再论工会、目前局势及托洛茨基同志和布哈林

---

① 《马克思恩格斯选集》第 3 卷，北京：人民出版社，2012 年，第 998—999 页。
② 《马克思恩格斯选集》第 3 卷，北京：人民出版社，2012 年，第 996 页。
③ 《马克思恩格斯选集》第 1 卷，北京：人民出版社，2012 年，第 134 页。

同志的错误》中说道："必须把人的全部实践——作为真理的标准，也作为事物同人所需要它的那一点的联系的实际确定者——包括到事物的完整的'定义'中去。"[①]

毛泽东在《新民主主义论》中说道："真理只有一个，而究竟谁发现了真理，不依靠主观的夸张，而依靠客观的实践。只有千百万人民的革命实践，才是检验真理的尺度。"[②]

千百万人民群众的社会实践，是检验真理的标准。关于实践是检验真理的标准问题的解决，是人类认识史上的一次伟大的飞跃，从此解决了千古难题，把知和行的学说建立在科学的社会实践的基础上，从而正确地揭示了人类认识的本质及其发展的规律。

毛泽东在《实践论》中说道："通过实践而发现真理，又通过实践而证实真理和发现真理。从感性认识而能动地发展到理性认识，又从理性认识而能动地指导革命实践，改造主观世界和客观世界。实践、认识、再实践、再认识，这种形式，循环往复以至无穷，而实践和认识之每一循环的内容，都比较地进到了高一级的程度。这就是辩证唯物论的全部认识论，这就是辩证唯物论的知行统一观。"[③]

毛泽东根据马克思主义认识论的基本原理，总结了人类认识发展的历史和规律，尤其是对中国哲学的知行关系问题，作

---

① 《列宁选集》第4卷，北京：人民出版社，2012年，第419页。

② 《毛泽东选集》第2卷，北京：人民出版社，1991年，第663页。

③ 《毛泽东选集》第1卷，北京：人民出版社，1991年，第296—297页。

了科学的总结和概括。客观现实世界的变化运动永远没有完结，人们在实践中对于真理的认识也就永远没有完结。人们只有随着社会实践的发展，而不断地深化认识，只有这样，才能更好地认识世界和改造世界，从而加速实践的进程。人们认识的目的不只是用不同的方式解释世界，而更重要的问题在于改变世界。

## 第四节　小　　结

人类的认识发展是一个极为复杂、充满矛盾的历史过程。这种历史发展过程，按其历史和逻辑进程的统一来说，则集中地表现在思维的产生、发展之中。研究思维与认识的关系，应当研究客观性思维与认识的关系、辩证性思维与认识的关系、实践性思维与认识的关系，这样才能真正总结、揭示出认识发展的规律、特征，求得历史和逻辑的统一的认识。如果人们认真研究思维与认识的关系，就会发现，思维与认识的关系是在客观性思维与认识的关系、辩证性思维与认识的关系、实践性思维与认识的关系中演进、深化的。思维的发展，反映了认识波浪式前进、螺旋式上升的历史进程。认识是人类所特有的，认识总是离不开思维。列宁在《哲学笔记》中说道："认识是思维对客体的永远的、无止境的接近。自然界在人的思想中的反映，要理解为不是'僵死的'，不是'抽象的'，不是没有运动的，不是没有矛盾的，而是处在运动的永恒过程中，处在矛盾的发生和解决的永恒过程中。”①

总之，认识与思维的关系十分密切，认识离不开思维。思维在认识中具有重要作用。随着认识的发展，又不断地扩大认识对象的广度和深度，不断地创造日益复杂、日益先进的认识工具，反过来又对思维不断地提出更高的要求，不断地促进思维的进一步发展。

① 《列宁全集》第55卷，北京：人民出版社，2017年，第165页。

# 第九章　思维与实践

在人的整个实践活动中，思维处于核心地位。人的全部实践活动都与思维密切联系着。因为人有思维，就使人的实践活动带有理解而与动物的某种“冲动”在本质上区别开来。人没有单纯的、孤立的实践活动，人的实践活动任何时候也不能完全离开思维。人的思维与动物的某种“冲动”在本质上区别开来，成为推动一个人去实现某种规定目标的理想的力量。因为有了思维，人才有实践活动。因为有了思维，人才能有自觉的、有目的的行动。这也就使人的行动从本质上与动物的“行为”区别开来。思维构成了人的实践的一个主要特征，有之才成为人的实践，无之也就不成为人的实践了。但人有了思维，固然可以成为明智的人、贤能的人；不过思维如果走上歪路，人也可以因此做错事，犯错误，甚至做出极大的蠢事。思维与实践的关系十分密切。思维在实践中具有重要作用。思维活动是人们对客观世界的反映活动。思维对于人的实践活动具有指导作用。思维在人的实践活动中具有能动性。人的思维不仅是由过去推动的，而且是由未来引导的。

## 第一节　客观性思维与实践

客观性思维与实践的关系十分密切。客观性思维在实践中具有重要作用。对于客观性思维与实践的关系，对于客观性思维在实践中的重要作用，必须实事求是地分析评价。思维必须重视客观性。没有客观性就成不了思维。

马克思在《资本论》第1卷中说道：“蜘蛛的活动与织工的活动相似，蜜蜂建筑蜂房的本领使人间的许多建筑师感到惭愧。但是，最蹩脚的建筑师从一开始就比最灵巧的蜜蜂高明的地方，是他在用蜂蜡建筑蜂房以前，已经在自己的头脑中把它建成了。劳动过程结束时得到的结果，在这个过程开始时就已经在劳动者的表象中存在着，即已经观念地存在着。他不仅使自然物发生形式变化，同时他还在自然物中实现自己的目的，这个目的是他所知道的，是作为规律决定着他的活动的方式和方法的，他必须使他的意志服从这个目的。但是这个服从不是孤立的行为。除了从事劳动的那些器官紧张之外，在整个劳动时间内还需要有作为注意力表现出来的有目的的意志，而且，劳动的内容及其方式和方法越是不能吸引劳动者，劳动者越是不能把劳动当作他自己体力和智力的活动来享受，就越需要这种意志。”[①]马克思的这一段言论精辟地说出了人的实践活动的特征。人在实践活动过程开始时，头脑中就已经有了这种实践活动结果的映像。人的实践活动的目的就是以这种映像的形式呈现在头脑之中，从而决定着人进行一系列实践活动的方式、方法。由此可见，思维就是人在实践活动开始时关于实践活动结果的映像。这种映像当然不是从天而降的，这种映像同样也是客观现实的反映。这种映像对人的实践活动起着十分重要的调节作用。

马克思在《1857—1858年经济学手稿》中说道：“自然界没有造出任何机器，没有造出机车、铁路、电报、自动走锭精纺机等等。它们是人的产业劳动的产物，是转化为人的意志驾驭自然界的器官或者说在自然界实现人的意志的器官的自然物质。它们是人的手创造出来的人脑的器官；是对象化的知识力量。”[②]

实践同思维是分不开的，实践活动始终伴随着思维活动。人类改造世界的能力和水平，直接取决于人类改造世界的实践活动“在多么大的程度上受到一般智力的控制并按照这种智力得到改造”[③]。实践是有目的的，而实践的目的就是实践的主体凭借思维，根据客体的属性和主体的需要而形成的。目的是思维的产物。实践必须运用一定的手段、工具，这是实践水平的

---

① 《资本论》第1卷，北京：人民出版社，2004年，第208页。
② 《马克思恩格斯全集》第31卷，北京：人民出版社，1998年，第102页。
③ 《马克思恩格斯全集》第31卷，北京：人民出版社，1998年，第102页。

重要标志。而一切实践的手段、工具，实质上是都不过是人类思维的结晶，不过是物化的智力。从这个意义上说，没有思维也就没有人的实践。实践都是在思维的参与下实现的，离开思维，实践是不可能的。

恩格斯在《自然辩证法》一书中说道："每一个时代的理论思维，包括我们这个时代的理论思维，都是一种历史的产物，它在不同的时代具有完全不同的形式，同时具有完全不同的内容。"①

思维是社会历史的产物，是时代精神的直接表现，是社会生产方式的间接反映。生产方式作为最深层的原因，影响思维的内容和特点。生产方式的变更往往带来思维的变更。每一时代都给这一时代的思维打上了鲜明的时代烙印，完全超时代的或一成不变的思维是没有的。

人们在实践中的思维都是具体的。人们只有关于某一事物问题的思维。只知道一般地抽象地去理解思维而不知道具体地去考察领会人们在实践活动中的种种具体思维过程，就不可能真正懂得思维。要了解思维是什么，必须对思维作具体的分析。思维的事实也和其他种种事实一样，是具体的而不是抽象的。把一个人在一定的时刻所有的具体思维事实进行具体的分析，就可以知道他在那个时刻所有的思维就包括他对当前一些事物的感觉和知觉和对一些不在当前或不呈现在面前的事物的

① 《马克思恩格斯选集》第3卷，北京：人民出版社，2012年，第873页。

意象、回忆、想象、推想，等等。可见，他在这一时刻的思维就是他在此时此刻对某些事物的感觉（包括知觉）和对这些或另一些事物的思维活动的全体而言。总之，这是针对他在此时此刻所有的全部思维活动而言的。他在另一时刻以及一切时刻的思维活动也是同样。不同的是他在不同时刻所思维到的对象，即所思维的事物不同了，或者对象仍相同而所思维的方面有了不同。所包括的思维可以有水平的显著不同。不同的人在思维活动上的差别也基本如此。一个人的思维对象可以包括他自己的身体部分以及他自己的活动情况。总之，一个人的具体思维活动，在任何时候，一般总是在"同时"对许多事物的综合思维活动。这就是一个人在一个时候的思维或思维活动。思维是综合的认识活动。思维是人脑对客观事物能动的、间接的和概括的反映。思维是在社会实践的基础上进行的。认识的真正任务在于经过感觉而到达于思维。

具有可以发展到较高以至很高水平的思维活动是人类所特有的品质。当然，在这方面达到的实际发展水平是因人而异的，并且在现在的社会条件下还存在着很大的不同。但凡是人类，都能在出生以后不久就开始思维，并能在这方面逐渐达到相当的发展水平。所以思维活动是人类的一个突出的、使自己和动物在本质上区别开来的主要特征。因此确实可以说，人类是能思维的动物。

就人类的心理活动方面说，如感觉、知觉、情绪、动作等本身，都基本上和动物共有，并不比动物（主要指高级动物）

高出多少，甚至还有不及动物之处。只有思维，在胚芽以上发展水平的思维，才是人类所特有的。由于有了思维，和思维发生了联系，人类的感觉、知觉、情绪、动作等也都产生了一种质的变化，而成为属于人类的、和动物有差别的感觉、知觉、情绪、动作等。动物的冲动到了人类，因为有了和思维的联系，就成了意向或意志。动物的“行为”到了人类，因为有了和思维的联系，就成了行动而不能再用行为论者所说的“行为”的概念予以科学的确切说明。因为有了思维活动，人类的整个实践活动也就获得了属于人类的实践活动的性质，换言之，就成了实践。所以，实践的发生发展问题，分析到最后，其实就是思维的发生发展问题。

在人类的种族发生过程中，在其个体发展过程中，如能确定在什么时候，什么条件下开始出现了思维，也就能明确在什么时候和什么条件下开始有了实践。由此可知，在人类的全部实践活动中，思维是处于一种特殊的关键地位的。许多人往往把思维当作人类的全部实践活动的全权代表，是有其一定理由的。思维的发展状况及其所达到的水平对于一个人从像动物那样的婴儿情况成长为一个怎样的人，有怎样的关系，也就可以理解到了。人们的客观性思维，不是人们一生下来就有的，而是从无到有，经过一定的发展过程而形成的，并且也不是一成不变的。儿童初期的思维应当只是一种雏形的状态，还不会明确地具有成人那种成熟面貌。人们的客观性思维是在一定条件下经过相当的发展过程而达到的较高水平的思维。

一般地说，儿童的思维具有较多朴素、率直，也就是普遍所说“天真”的特色。儿童的思维显然是比较直接决定于现实事物的。但儿童是缺乏经验的，接触事物还限于有限的范围。也就是说，儿童对事物的理解无疑比成人会有较大的片面性和表面性。这又说明儿童的思维有不能不属于较低级水平的思维的一方面。儿童的思维处于思维发展的起始和初级状态，比较质朴而简单，因此儿童的思维的特点和儿童的思维所表现的规律应该比较显露。了解儿童的思维的基本特点及其发展规律，对于阐明客观性思维与实践的关系无疑会有很重要的贡献，并且对于阐明人类思维的发展也会有重要的意义。

瑞士心理学家让·皮亚杰（Jean Piaget，1896—1980 年）在《发生认识论原理》一书中说道：“一方面，认识既不是起因于一个有自我意识的主体，也不是起因于业已形成的（从主体的角度来看）、会把自己烙印在主体之上的客体；认识起因于主客体之间的相互作用，这种作用发生在主体和客体之间的中途，因而同时既包含着主体又包含着客体，但这是由于主客体之间的完全没有分化，而不是由于不同种类事物之间的相互作用。另一方面，如果从一开始就既不存在一个认识论意义上的主体，也不存在作为客体而存在的客体，又不存在固定不变的中介物，那么，关于认识的头一个问题就将是关于这些中介物的建构问题：这些中介物从作为身体本身和外界事物之间的接触点开始，循着由外部和内部所给予的两个互相补充的方向发展，对主客体的任何妥当的详细说明正是依赖于中介物的这种双重的逐步建构。”①

让·皮亚杰认为，儿童的思维的发展经过感知运动阶段、前运演阶段、具体运演阶段、形式运演阶段四个阶段。

第一阶段，感知运动阶段（2 岁以前）。感知运动阶段是儿童智力的萌芽期，时间在出生到 2 岁之间。其间，儿童不能分辨自己与外界的区别，但儿童已逐渐感知到自己与外界的接触。儿童在感知运动阶段，通过感官获得直接经验。

第二阶段，前运演阶段（2—7 岁）。前运演阶段是儿童的语言及观念的萌芽时期，从 2 岁到 7 岁，儿童开始运用比较简单的词句表达自己内心的感受，虽然以自我为中心，但已注意到外界的现象。儿童在前运演阶段，开始使用词和表象思维，能解决比较复杂的问题。

第三阶段，具体运演阶段（7—11 岁）。儿童到了 7—11 岁，大都已进入学校读书，儿童已开始懂得内省和思考的运用，但都是用具体词句来表达，还不能运用抽象思维。儿童在具体运演阶段，能运用具体事例进行思维。

第四阶段，形式运演阶段（11—15 岁）。儿童进入 11—15 岁的阶段，儿童就发展了自己的抽象思维和科学推论的方式，开始懂得逻辑和哲学了，当然也学会了初步的科学假说运用。儿童在形式运演阶段，能超出事物具体内容进行抽象的逻辑思维和命题运演。

---

①〔瑞士〕皮亚杰：《发生认识论原理》，王宪钿等译，胡世襄等校，北京：商务印书馆，1981 年，第 21—22 页。

人的思维经历了一个发展的过程。儿童的思维发展的特点与在生活中通过动作形成的智力结构有联系。思维发展的规则是普遍的，既表现在儿童的思维发展的过程中，也表现在科学实践的过程中。人的思维既不完全在客体，也不完全在主体，人的思维产生于主客体之间的互动之中。人的思维是主体与客体相结合，进行组织再组织的过程。人的思维过程表明主体与客体相遇时，先有图式，然后发生同化与顺应，最后得到平衡。平衡状态就是思维的状态。人在实践中是能够发挥主体的思维的积极性、主动性和创造性的。人在实践中是能够发挥主体的思维的能动性的。

## 第二节　辩证性思维与实践

辩证性思维与实践的关系十分密切。辩证性思维在实践中具有重要作用。对于辩证性思维与实践的关系，对于辩证性思维在实践中的重要作用，必须实事求是地分析评价。思维必须重视辩证性。没有辩证性就成不了思维。

辩证性思维是人们自觉或不自觉地按照客观事物的辩证法和辩证规律性的要求进行的思维。辩证性思维是对客观事物辩证发展过程的正确反映。辩证性思维亦即相对于从具体到抽象阶段的知性思维而言的理性思维，是由抽象再上升到具体阶段的思维。辩证性思维是以概念的本性研究为前提的，即主要是通过把握概念的辩证本性来进行思维的，辩证性思维的特点在于从对象的多种规定性的统一中、从基于对象的内在矛盾而引起的运动变化中来思索事物，以便从整体上、本质上具体认识和把握对象，用具体概念来把握对象的具体真理。辩证性思维既根本区别于将对象视为孤立、静止的形而上学性思维，也区别于撇开思维的运动发展而静态地研究思维形式的形式逻辑思维。辩证性思维是辩证逻辑的研究对象。

辩证性思维的发展经历了三种基本形态：第一种基本形态是朴素的辩证性思维。朴素的辩证性思维的主要特点是以直观的方式把自然界作为一个整体，从总的方面来进行思索和考察。第二种基本形态是充分发展了的唯心主义的辩证性思维。充分发展了的唯心主义的辩证性思维在理论上的最高成果是德国黑格尔的唯心主义辩证法体系。第三种基本形态是具有真正科学形态的唯物主义的辩证性思维，即马克思主义的辩证性思维。

现代科学，特别是现代自然科学发展所取得的丰硕成果进一步证实了只有辩证性思维才是唯一适合现代科学发展需要的最科学最合理的思维，并极大地丰富、充实和完善了辩证性思维的科学体系与内容，使之日益具有鲜明的现代形态。

随着实践的发展，思维在人类实践中的作用也就越来越大。在古代，人们的实践水平还比较低，科学主要是一些实用知识和对经验的描述。在当时的手工操作的活动中，经验和技艺起着重要的作用。经验的重要性掩盖了思维的重要性。

到了近代，随着实验科学的兴起，科学的发展由积累经验材料过渡到理论概括；机器生产也明显地表现出科学技术的作用，这就加深了人们对思维在实践中的重要性的认识。人们开始把思维与实践的关系的研究的重点，进一步转到对辩证性思维与实践的关系问题的探索上。恩格斯关于理论思维在实践中的重要性、思维方式在实践中的重要性的一系列论述，也正是这种发展趋势的反映。

恩格斯在《自然辩证法》一书中说道："经验的自然研究已经积累了庞大数量的实证的知识材料，因而迫切需要在每一研究领域中系统地和依据其内在联系来整理这些材料。同样也迫切需要在各个知识领域之间确立正确的关系。于是，自然科学便进入理论领域，而在这里经验的方法不中用了，在这里只有理论思维才管用。但是理论思维无非是才能方面的一种生来就有的素质。这种才能需要发展和培养，而为了进行这种培养，除了学习以往的哲学，直到现在还没有别的办法。"

"每一个时代的理论思维，包括我们这个时代的理论思维，都是一种历史的产物，它在不同的时代具有完全不同的形式，同时具有完全不同的内容。因此，关于思维的科学，也和其他各门科学一样，是一种历史的科学，是关于人的思维的历史发展的科学。这一点对于思维在经验领域中的实际运用也是重要的。因为，首先，思维规律的理论并不像庸人的头脑在想到'逻辑'一词时所想象的那样，是一种一劳永逸地完成的'永恒真理'。形式逻辑本身自亚里士多德以来直到现在仍是激烈争辩的领域。而辩证法直到今天也只有两位思想家曾作过较仔细的研究，这就是亚里士多德和黑格尔。然而对于现今的自然科学来说，辩证法恰好是最重要的思维形式，因为只有辩证法才为自然界中出现的发展过程，为各种普遍的联系，为一个研究领域向另一个研究领域过渡提供类比，从而提供说明方法。”

“其次，认识人的思维的历史发展过程，认识不同时代所出现的关于外部世界的普遍联系的各种见解，对理论自然科学来说也是必要的，因为这种认识可以为理论自然科学本身所要提出的理论提供一种尺度。”①

各门自然科学的发展证明了辩证唯物主义自然观产生的必然性和科学性。唯物辩证法为自然科学提供了科学的方法。自然科学家应当自觉地学习和掌握唯物辩证法。

在现代，思维的积极性、主动性和创造性在实践过程中的作用越来越突出了。实践目的、实践背景等，从一开始就进入程序、实验的设计安排。在实践活动中，头脑中已有的知识经验和目的始终起着重要作用。科学实践的发展过程，实质上就是积极思维的过程。尤其是随着现代科技革命的兴起，辩证性思维与实践的关系问题的重要性更是超过了以往任何一个历史时期。现代科技革命同以往科学革命和技术革命不同，现代科技革命是智力革命、知识革命，从其实质上说，就是要发挥智力，创造知识。而智力的发挥，知识的创造，都与人的思维密

① 《马克思恩格斯选集》第3卷，北京：人民出版社，2012年，第873—874页。

切相关。知识的重要性决定了人的思维的重要性。

现代社会的竞争，是社会生产力的竞争，是科学技术的竞争，是人才的竞争，归根到底是智力的竞争，是思维能力的竞争。现代科技革命的内容是同电子计算机联系在一起的。在今天，电子计算机的数量和质量已经成为衡量一个国家科学发达程度的标志。而电子计算机不过是对人脑某些思维功能的模拟，电子计算机的产生和发展是以人们对人脑思维机制的科学认识为前提的。随着人们对辩证性思维与实践的关系问题的深入研究，人们必将会造出更多、更“聪明”的电子计算机，代替更多的人脑劳动，推动科技革命的深入发展。

人的思维活动随时随地变化着。人的思维的变化首先决定于人的实践活动的前进和发展过程中所引起的思维对象的变化，因而思维又能随时回过来影响人的实践。人的思维的变化有时候似乎单纯是决定于外在事物的变化的。但如果不是由于人的实践使人自己在一个时候转移置身于环境中的一定地位，或者不去注意，那么人就不会甚至很少会受到那种外在事物的影响而产生思维的变化。因此，人的思维不能脱离开和人的实践活动的关系。

思维的发展是通过实践活动的发展而发展的。思维的发展，必须联系着人们的生活、实践，联系着人们在生活、实践中和现实事物的交往关系来考察。一般地看，思维的发展当然总是由低水平到较高水平的。但就人的具体发展情况看，即使在文化较高的社会中，人的思维的发展也不一定并常常不会全部都是这样。一般的情况大概是：在一些方面的发展是达到较高水平的，在另一些方面的发展则还没有达到那样的水平，而还有一些方面的发展则可能还基本上停留在较低水平上。这就是经常会有的思维的发展的不平衡性。

## 第三节　小　结

人的思维活动，在人的整个实践过程中起着一种关键性的、决定性的作用。没有人的思维活动，人的一切实践活动都是很难进行的，甚至是不可能的。人们的思维活动是这样或那样，就表现为人们的思维活动影响和变革客观事物、改造客观世界的活动是成功或失败，是正确或错误。因此，人们了解并掌握人的思维活动的规律，就可以更加充分地发挥人的思维在实践活动中应有的能动作用，从而去有效地调节或改进人们的实践活动。

研究思维与实践的关系，应当研究客观性思维与实践的关系、辩证性思维与实践的关系，这样才能真正总结、揭示出实践发展的规律、特征，求得历史和逻辑的统一的实践。如果人们认真研究思维与实践的关系，就会发现，思维与实践的关系是在客观性思维与实践的关系、辩证性思维与实践的关系中演进、深化的。思维的发展，反映了实践波浪式前进、螺旋式上升的历史进程。实践是人类所特有的，实践总是离不开思维。

总之，实践与思维的关系十分密切，实践离不开思维。思维在实践中具有重要作用。随着实践的发展，又不断地扩大实践对象的广度和深度，不断地创造日益复杂、日益先进的实践工具，反过来又对思维不断地提出更高的要求，不断地促进思维的进一步发展。思维随着实践的发展而发展。实践能促进思维，而思维也能指引实践，有助于实践的提高。思维如能密切结合实际，在实践中前进，就终究会走上康庄大道。

人的思维活动和实践活动是结合在一起而相辅相成的，可以说谁也离不开谁。思维和实践二者之间的相互关系是：思维总是在实践主导之下的思维，而实践则又总是在思维指引之下的实践。人的任何简单的实践如离开思维的指引就寸步难行，何况是较复杂的实践。一切思维，为了准确，为了具有科学性，为了能对实践活动起到有效的正确的指引作用，就必须力求符合客观实际。人的思维如果是正确的，就能对实践活动予以正确的指引。在这里也就可以明白看到，思维和实践是如何构成相辅相成的密切相互关系，也就是高度的辩证关系的。看不到这种关系，就既难于明白了解实践，也难于明白了解思维。

第四编

# 奋斗史是什么

春蚕到死丝方尽，蜡炬成灰泪始干。

——（唐）李商隐《无题》

# 第十章　中国传统奋斗观

人的奋斗有悠久的传统，人的奋斗观也有悠久的传统。传统是漫长的历史培育出来的。传统是有厚度和重量的，传统也是有温度和力量的。

中国传统奋斗观是代代相传，极少改变的。中国传统奋斗观的内容异常丰富，涉及的面很广。中国传统奋斗观源远流长。中国传统奋斗观有长久的历史，在世界奋斗观中能自成体系。中国传统奋斗观是丰富多彩的。

## 第一节　人的奋斗具有必要性

《论语·泰伯篇》言："曾子曰：'士不可以不弘毅，任重而道远。仁以为己任，不亦重乎？死而后已，不亦远乎？'"[①]曾

① 《论语·泰伯篇》。

参说道："读书人不能不刚强而有毅力，因为读书人担子沉重，路途遥远。把实现仁道作为自己的任务，不也是很沉重吗？一直到死奋斗才休止，这一路程不也是很遥远吗？"

曾参这番话，贯通古今，影响深远，起着极大的鼓舞和激励作用。曾参这番话，催人立志，勇于担负起重大历史责任，并为实现它而不懈奋斗。虽然时代不同，内容有别，但精神一致。在前进道路上，人们会遇到各种艰难险阻，因此要自觉锻炼意志品质，刚强坚毅，百折不挠，这样方能无往而不胜。

中华民族是一个具有伟大奋斗精神的民族。唐诗人李商隐（813—858 年）在《无题》诗中言："春蚕到死丝方尽，蜡炬成灰泪始干。"[①]这一千古流传的名句，是奋斗精神的生动写照。中国历史绵延 5000 多年，为中华民族发展和繁荣而奋斗的人物层出不穷，史不绝书。中国文学家、思想家和革命家鲁迅（1881—1936 年）在写于 1934 年 9 月 25 日的《中国人失掉自信力了吗》一文中说得好："我们从古以来，就有埋头苦干的人，有拼命硬干的人，有为民请命的人，有舍身求法的人……虽是等于为帝王将相作家谱的所谓'正史'，也往往掩不住他们的光耀，这就是中国的脊梁。"[②]鲁迅在其《中国人失掉自信力了吗》一文中，列举了埋头苦干的人、拼命硬干的人、为民请命的人、舍身求法的人，明白地说这些人都是"中国的脊梁"。

---

① （唐）李商隐：《无题》。

② 鲁迅：《文学精读 · 鲁迅》，杭州：浙江人民出版社，2018 年，第 239 页。

奋斗是源远流长的。奋斗是人所成就的。奋斗是被理解为成就的。奋斗是被人所要求的。奋斗是能够满足人的需求的。奋斗对于人发生必要的转变，有着特别的帮助。奋斗的确能够对人产生相当大的影响。奋斗与人是密切地联系在一起的。就奋斗的重要性而言，奋斗有一种对于人的关切。人必须通过努力发现适合于人的恰当奋斗而奋斗。

人的历史无不与人的奋斗息息相关。回顾历史，是为了认识现实。认识奋斗，是为了利用奋斗，更好地为人的跨越式发展服务。人要理解奋斗，就需要思考奋斗的本质。奋斗本质上是社会的。幸福是奋斗出来的。只有奋斗的人生，才称得上幸福的人生。时代是奋斗者的时代。

## 第二节　人的奋斗具有民族性

人的奋斗具有历史继承性。荀子主张遵循自然规律，保护生态环境、促进人的发展。《荀子·王制篇》言："圣王之制也，草木荣华滋硕之时，则斧斤不入山林，不夭其生，不绝其长也；鼋鼍、鱼鳖、鳅鳣孕别之时，罔罟毒药不入泽，不夭其生，不绝其长也。春耕、夏耘、秋收、冬藏四者不失时，故五谷不绝而百姓有余食也；污池、渊沼、川泽谨其时禁，故鱼鳖优多而百姓有余用也；斩伐养长不失其时，故山林不童而百姓有余材也。圣王之用也，上察于天，下错于地，塞备天地之间，加施万物之上，微而明，短而长，狭而广，神明博大以至约。故曰：一与一是为人者谓之圣人。”[①]圣王的制度是，草木开花滋长的时期，就不能进入山林砍伐，为的是不使它们过早夭折，不断绝它们的成长；鼋、鼍、鱼、鳖、泥鳅、鳝鱼等怀孕产卵的时候，渔网和毒药不能投入湖泽，为的是不使它们过早夭折，不断绝它们的成长；春天耕种、夏天锄草、秋天收获、冬天收藏，这四件事都不能错过时节，所以五谷就不会断绝而百姓有多余的粮食；池塘、湖泊、河泽严格禁止一定时期内捕捞，所以鱼鳖繁多而百姓吃不完用不尽；砍伐种植不错过时节，所以山林就不会光秃而百姓有多余的木材可用。圣王的作用是，上能观察天时的变化，下能安排土地的开发，他的作用充满天地之间，施加到万物之上，隐微而又显明，短暂而又长久，狭小而又广阔，神明博大而又十分简约。所以说：用道义去统帅一切的人就是圣人。

北宋哲学家、理学创始人之一张载（1020—1077年）在《正蒙·乾称篇》中说道：“乾称父，坤称母；予兹藐焉，乃混然中处。故天地之塞，吾其体；天地之帅，吾其性。民吾同胞，物吾与也。大君者，吾父母宗子；其大臣，宗子之家相也。尊高年，所以长其长；慈孤弱，所以幼吾幼。圣其合德，贤其秀也。凡天下疲癃残疾、茕独鳏寡，皆吾兄弟之颠连而无

① 《荀子·王制篇》。

告者也。于时保之，子之翼也；乐且不忧，纯乎孝者也。违曰悖德，害仁曰贼；济恶者不才，其践形唯肖者也。知化则善述其事，穷神则善继其志。不愧屋漏为无忝，存心养性为匪懈。恶旨酒，崇伯子之顾养；育英才，颍封人之锡类。不弛劳而底豫，舜其功也；无所逃而待烹，申生其恭也。体其受而归全者，参乎！勇于从而顺令者，伯奇也。富贵福泽，将厚吾之生也；贫贱忧戚，庸玉女于成也。存，吾顺事；没，吾宁也。"①乾阳刚健处上位称为父，坤阴柔顺处下位称为母；我如此藐小，混合乾坤之气秉承天地之性而处在中位为子。所以乾坤阴阳之气充塞天地，此气就是我的身体；统帅着阴阳之气的天地之意志，就是我的秉性。天下之人皆是我的同胞手足，天下万物和我皆是同辈。人间君主，是我父母的长子；他的大臣，是长子的家相。尊奉天下年高的长者，就是将他人的长辈看做自己的长辈；慈爱天下年幼的孩子，就是将他人的孩子看做自己的孩子。圣人是兄弟中与上天之德相合的，贤人是兄弟中才德超过常人的。凡是天下身患残疾行动不便的人、或失去兄弟的、或失去父母的、或失去妻子的、或失去丈夫的，皆是生活困苦而申述无门的我的兄弟。顺应时宜保护好自己，这是子女对父母的敬奉；乐天命而不忧愁，这是纯正的孝道。不遵循天理、不爱父母的违逆行为称为悖德，损害仁义、戕害父母的人称为贼；帮助恶人行恶的是不才之人，尽天性而使人成为人

① （宋）张载：《正蒙·乾称篇》。

的，唯有肖者能做到。觉解化育之道就能善于记述生物之事，穷通神明之德就能善于继承上天之志。俯仰无愧于神明不辱没祖先，自反本心涵养天性无一刻懈怠。厌恶美酒，是大禹无私欲而能顾念父母养育之恩；培育英才，如颍考叔能晓喻郑庄公尽孝以弘天理。尽孝道而不松懈以使父亲愉悦，这是舜事父以事天的功德；尽臣道而不遁逃以至甘愿受死，这是申生尽臣道以对上天的尊奉。身体发肤受之父母而能完整地归还父母，曾参能做到保全自己啊！勇于顺从父母的要求而不为困难所退却，伯奇能摈弃私欲而尽孝道啊！富贵福禄，是上天使我的生活丰厚富足；贫贱忧愁，是上天爱我而用来磨炼我的德性。活着，我就顺应上天的意志无所违逆；死去，我就安于死亡而无愧于天地。

张载以天人一体为基础，从人和物同受“天地之气”[①]以生出发，强调“天下无一物非我”[②]，说“民吾同胞，物吾与也”，教人不断奋斗以明白上天与人的尊卑伦理关系，从而能顺应天理，虔诚地侍奉上天，时时处处无愧于上天，由此做一个大公无私而顶天立地的完人。

德国诗人、剧作家、思想家歌德（Johann Wolfgang von Goethe，1749—1832 年）在 1827 年 1 月 31 日对德国文学青年爱克曼（J. P. Eckermann，1792—1854 年）谈到中国传统奋斗观

① （宋）张载：《正蒙 · 太和篇》。
② （宋）张载：《正蒙 · 大心篇》。

时说道："中国人在思想、行为和情感方面几乎和我们一样，使我们很快就感到他们是我们的同类人，只是在他们那里一切都比我们这里更明朗，更纯洁，也更合乎道德。在他们那里，一切都是可以理解的，平易近人的，没有强烈的情欲和飞腾动荡的诗兴，因此和我写的《赫尔曼与窦绿台》以及英国理查生[①]写的小说有很多类似的地方。他们还有一个特点，人和大自然是生活在一起的。你经常听到金鱼在池子里跳跃，鸟儿在枝头歌唱不停，白天总是阳光灿烂，夜晚也总是月白风清。月亮是经常谈到的，只是月亮不改变自然风景，它和太阳一样明亮。房屋内部和中国画一样整洁雅致。例如'我听到美妙的姑娘们在笑，等我见到她们时，她们正躺在藤椅上'，这就是一个顶美妙的情景。藤椅令人想到极轻极雅。故事里穿插着无数的典故，援用起来很像格言，例如说有一个姑娘脚步轻盈，站在一朵花上，花也没有损伤；又说有一个德才兼备的年轻人三十岁就荣幸地和皇帝谈话，又说有一对钟情的男女在长期相识中很贞洁自持，有一次他俩不得不同在一间房里过夜，就谈了一夜的话，谁也不惹谁。还有许多典故都涉及道德和礼仪。正是这种在一切方面保持严格的节制，使得中国维持到几千年之久，而且还会长存下去。"[②]

① 理查生（Samuel Richardson，1689—1761 年）系英国小说家。——引者注

② 〔古希腊〕柏拉图：《柏拉图文艺对话集》，朱光潜译；〔德〕爱克曼辑录：《歌德谈话录》，朱光潜译，北京：人民文学出版社，2015 年，第 324—325 页。

## 第三节 人的奋斗具有时代性

人是要学习前人和超过前人的。事实上，人在许多方面是能够远远超过前人的。《荀子·劝学篇》言：“君子曰：学不可以已。青，取之于蓝而青于蓝；冰，水为之而寒于水。木直中绳，輮以为轮，其曲中规，虽有槁暴，不复挺者，輮使之然也。故木受绳则直，金就砺则利，君子博学而日参省乎己，则知明而行无过矣。”

“故不登高山，不知天之高也；不临深溪，不知地之厚也；不闻先王之遗言，不知学问之大也。干、越、夷、貉之子，生而同声，长而异俗，教使之然也。《诗》曰：‘嗟尔君子，无恒安息。靖共尔位，好是正直。神之听之，介尔景福。’神莫大于化道，福莫长于无祸。”

“吾尝终日而思矣，不如须臾之所学也；吾尝跂而望矣，不如登高之博见也。登高而招，臂非加长也，而见者远；顺风而呼，声非加疾也，而闻者彰。假舆马者，非利足也，而致千里；假舟楫者，非能水也，而绝江河。君子生非异也，善假于物也。”

“南方有鸟焉，名曰蒙鸠，以羽为巢而编之以发，系之苇苕，风至苕折，卵破子死。巢非不完也，所系者然也。西方有木焉，名曰射干，茎长四寸，生于高山之上而临百仞之渊，木茎非能长也，所立者然也。蓬生麻中，不扶而直；白沙在涅，与之俱黑。兰槐之根是为芷，其渐之滫，君子不近，庶人不服，其质非不美也，所渐者然也。故君子居必择乡，游必就士，所以防邪僻而近中正也。”

“物类之起，必有所始。荣辱之来，必象其德。肉腐出虫，鱼枯生蠹。怠慢忘身，祸灾乃作。强自取柱，柔自取束。邪秽在身，怨之所构。施薪若一，火就燥也；平地若一，水就湿也。草木畴生，禽兽群焉，物各从其类也。是故质的张而弓矢至焉，林木茂而斧斤至焉，树成荫而众鸟息焉，醯酸而蜹聚焉。故言有招祸也，行有招辱也，君子慎其所立乎！”

“积土成山，风雨兴焉；积水成渊，蛟龙生焉；积善成德，而神明自得，圣心备焉。故不积跬步，无以至千里；不积小流，无以成江海。骐骥一跃，不能十步；驽马十驾，功在不舍。锲而舍之，朽木不折；锲而不舍，金石可镂。蚓无爪牙之利，筋骨之强，上食埃土，下饮黄泉，用心一也；蟹六跪而二螯，非蛇蟺之穴无可寄托者，用心躁也。”

“是故无冥冥之志者无昭昭之明，无惛惛之事者无赫赫之功。行衢道者不至，事两君者不容。目不能两视而明，耳不能两听而聪。螣蛇无足而飞，梧鼠五技而穷。《诗》曰：‘尸鸠在桑，其子七兮。淑人君子，其仪一兮。其仪一兮，心如结兮。’故君子结于一也。”

“昔者瓠巴鼓瑟而流鱼出听，伯牙鼓琴而六马仰秣。故声无小而不闻，行无隐而不形；玉在山而草木润，渊生珠而崖不枯。为善不积邪，安有不闻者乎？”①

君子说：学习是没有止境的。靛青，是从蓼蓝中提炼出来的，但比蓼蓝颜色更深；冰是由水凝固而成的，但比水更寒冷。木材笔直地合于墨线，但将它用火烤弯曲做成车轮，它的弯曲程度就合于圆规，即使再烘烤暴晒，它也不能再伸直了，这是火烤弯曲使它这样的。所以木材经过墨线的校正才能变直，金属制成的刀剑在磨刀石上磨过才能锋利，君子广泛地学习，并每天多次反省自己，那就会智慧高明而行为没有过错。

所以不登上高山，就不知道天有多高；不临近深渊，就不知道地有多厚；没有聆听到前代圣王的遗言，就不知道学问的渊博。吴国、越国、夷族、貉族的孩子，生下来哭声都相同，长大了习俗却不一样，这是不同的教化使他们这样的。《诗经》说：“哎呀，你们这些君子啊，不要总是贪图安逸。安心地供奉你们的职位，喜爱正直的人。神灵知道了这些，就会帮助你们得到莫大的幸福。”没有比同化于道更高的精神境界，没有比无灾无祸更长久的幸福。

我曾经整天苦思冥想，却不如片刻的学习收获大；我曾经踮起脚跟瞭望，却不如登上高处看得广。登上高处招手，手臂并没有加长，可是远处的人看得见；顺着风向呼喊，声音并没有增强，可是听的人觉得很清楚。利用车马的人，并不是善于

① 《荀子·劝学篇》。

行走，却能到达千里之外；利用船桨的人，并不是善于游泳，却能横渡江河。君子生性并非与别人有什么不同，不过善于利用外物罢了。

南方有一种鸟，名字叫作蒙鸠，它用羽毛筑巢，并用毛发将巢编结起来，把巢系在芦苇的花穗上，一阵风吹来，苇穗折断，鸟蛋摔碎，幼鸟也摔死了。不是它的巢不完善，而是巢所系的地方使它这样的。西方有一种草，名字叫作射干，茎长四寸，生在高山上面，能俯临百丈深渊，并非它的茎能长得这样高，而是它生长的地方使它这样的。蓬蒿生长在麻中，不需要扶持也能挺直；洁白的沙子混合在黑土中，就会和黑土一样黑。兰槐的根叫作芷，如果把它浸泡在臭水中，君子就不会接近它，百姓也就不会佩带它，这不是它的本质不好，而是被浸泡在臭水中的缘故。所以君子居住时一定要选择好乡里，出游时一定要接近贤士，这是为了防止乖谬不正而能够接近中正之道的方法。

各种事物的兴起，必定有它的起因。荣誉和耻辱的到来，必定与他的品德相一致。肉腐烂了就会生蛆，鱼枯死了就会生虫。懈怠散漫而忘掉自身，灾祸就会发生。刚强的东西容易折断，柔弱的东西容易受约束。邪恶污秽集于一身，就会招致怨恨。柴草堆放得好像一样，但火总是向干的地方烧去；地面平整得好像一样，但水总是向低湿的方向流去。草木类聚生长，禽兽成群活动，万物各自依从它们的同类。所以靶子一竖起，弓箭就射向那里；林木茂盛，斧头就砍伐到那里；树木成荫，众鸟就栖息在那里；醋变酸了，蚊子就聚集在那里。所以说话有时会招来祸患，行为有时会招来耻辱，君子一定要谨慎自己的立身处世啊！

堆积泥土成为高山，风雨就会在那里兴起；汇积水流成为深渊，蛟龙就会在那里生长；积累善行养成高尚的品德，就会通于神明，而圣人的精神境界也就具备了。所以不从一步步开始积累，就不能到达千里之外；不聚积起细小的水流，就不能汇成江海。千里马一跃，不能超过十步；劣马跑上十天也能到达千里之外，它的成功在于不放弃奔跑。用刀刻东西，如果一会儿就停止，那么就是朽木也不能刻断；如果不停地刻下去，那么就是金石也能刻透。蚯蚓没有锋利的爪子、牙齿，也没有强壮的筋骨，但它上能吃到泥土，下能喝到泉水，这是因为它用心专一的缘故；螃蟹有八只脚和两个螯钳，但如果没有蛇、鳝鱼的洞穴就没有地方栖身，这是因为它用心浮躁的缘故。

所以没有专心致志的精神，就不会有显著的成就；没有用心专一的工作，就不会有显赫的功绩。走上歧途的人不能到达目的地，同时侍奉两个君主的人不能被容忍。眼睛不能同时看两种东西而看得明白，耳朵不能同时听两种声音而听得清楚。螣蛇没有脚却能飞行，鼫鼠有五种技能却陷于困境。《诗经》中说："布谷鸟住在桑树上，有七只幼鸟它哺育。善人君子啊，你们的行为要专一。行为专一，心志才能坚定不移。"所以君子总是把注意力集中在一点上。

从前瓠巴鼓瑟而水底的鱼都浮出水面来听，伯牙弹琴而拉车的六匹马都仰头来听。所以声音再细小也没有听不见的，行动再隐蔽也没有不显露的；宝玉藏在山中而山上的草木就会滋润有光泽，深潭里生出珍珠而四周的崖岸就不会干枯。是没有坚持积累善行吧，否则哪有不被人知道的呢？

《荀子·劝学篇》最后言："百发失一，不足谓善射；千里跬步不至，不足谓善御；伦类不通，仁义不一，不足谓善学。学也者，固学一之也。一出焉，一入焉，涂巷之人也。其善者少，不善者多，桀、纣、盗跖也。全之尽之，然后学者也。"

"君子知夫不全不粹之不足以为美也，故诵数以贯之，思索以通之，为其人以处之，除其害者以持养之，使目非是无欲见也，使耳非是无欲闻也，使口非是无欲言也，使心非是无欲虑也。及至其致好之也，目好之五色，耳好之五声，口好之五味，心利之有天下。是故权利不能倾也，群众不能移也，天下不能荡也。生乎由是，死乎由是，夫是之谓德操。德操然后能定，能定然后能应。能定能应，夫是之谓成人。天见其明，地见其光，君子贵其全也。"[①]

射出一百支箭，有一支没有射中，就不能叫作善于射箭；赶着车马走千里的路程，只差半步没有走完，就不能叫作善于驾车；礼法不能融会贯通，仁义不能坚守如一，就不能叫作善于学习。学习，本来就应专心致志，坚持如一。一

① 《荀子·劝学篇》。

会儿不学习，一会儿学习，那是街头巷尾中的普通人。好的行为少，不好的行为多，便是桀、纣、盗跖一类的人。全面掌握了所学的知识，又尽力去实行，然后才能称为一个好的学者。

君子知道学习不全面不纯粹是不能够称之为完美的，所以反复诵读以求贯通，用心思索以求通晓，效法良师来实践它，去掉有害的东西来保养它，使自己的眼睛不看不应该看的东西，使自己的耳朵不听不应该听的声音，使自己的嘴巴不说不应该说的话语，使自己的心里不考虑不应该考虑的事情。等到了极其爱好学习的时候，就好像眼睛喜爱五色，耳朵喜爱五声，嘴巴喜爱五味，心里想拥有天下一样。因此权势财货不能够动摇他，人多势众不能够改变他，整个天下不能够打动他。活着时是这样，到死时也是这样，这就叫作道德操守。有了这样的道德操守，然后才能坚定不移。能够坚定不移，然后才能应付各种情况。能够坚定不移，又能够应付各种情况，这就叫作完美的人。天显现出它的光明，地显现出它的广阔，君子的可贵在于德行的完美。

荀子认为，人的知识和才能不是天生固有的，而是通过后天的勤奋学习、良好教育与环境的影响而获得的。人的发展不是天生固有的，而是通过后天的努力获得的。荀子批判了“生而知之”的观点，指出了教育与学习的重要性，认为尽管人的能力各有不同，但只要用心学习，都能丰富自身的学识，都能获得很大的发展。所以，荀子指出学习是没有止境的，发展是没有止境的。专心致志地学习，用心专一地学习，就可以做到后来居上。学习要博览群书，笃行不怠。学习不仅要重视书本知识，而且要重视道德实践。奋斗要不断努力，注重实践。荀子反对死背诗书和杂而不专的学习方法，强调学习的目的在于实现自身道德的完善。人的奋斗的过程根本上就是一种学习的过程。事实上，人的所有奋斗，依靠的都是人的点点滴滴的积累学习之功。

## 第四节　小　　结

奋斗是历史性的。奋斗是由人们的传统与社会所塑造的。人们在奋斗的过程中受到人们的传统和社会的影响。奋斗能够引导人朝向奋斗的真理。奋斗能够给人的生活指定方向，给人提供人赖以生活的准则。人必须将奋斗关联于奋斗的适当性。人必须反思奋斗。奋斗是人的奋斗。人对奋斗的思考能够把人引向奋斗的真理。思索人的本性必须从奋斗开始。人的奋斗是创造性的。人的奋斗对于人的不断发展来说非常重要。人的奋斗对于人在奋斗的过程中所采取的方向是有帮助的。

当人奋斗时，奋斗就会显现。奋斗是能够被看见的。奋斗能够为人敞开一个空间。当人奋斗的时候，人就处在奋斗的空间中。奋斗能够使人度量人自身。奋斗能够指向人的可能性。奋斗能够使人时刻注意着人的可能性。人要想生存和发展，就需要奋斗。奋斗对于理解成为人的意义，具有根本的重要性。奋斗不仅是揭示个人的一种方式，而且是揭示人全体的一种方式。

奋斗不仅架构起人理解事物的方式，而且架构起人理解人的方式。奋斗架构起人理解世界的方式。奋斗不仅架构起人理解客观世界的方式，而且架构起人理解主观世界的方式。奋斗能够使人理解人于其中生活着的世界。奋斗能够向人呈现出一种拯救的力量。奋斗可以让人经验到人在世界中的根本任务。人对奋斗的思索能够使人理解奋斗的重要性。人对奋斗的思索对人是大有助益的。

奋斗观一直有自己的传统。在中国传统奋斗观里，人与宇宙万物是有机联系的整体。中国传统奋斗观特别强调人的奋斗的主观能动性。

# 第十一章　西方传统奋斗观

人是要经历奋斗的召唤的。人的奋斗的来源对于人而言是重要的。人对于奋斗是要回应的。人的奋斗的意义是从人的奋斗的必要性开始的。如果人的奋斗是人的生存和发展的起点，那么人的奋斗就必是言之有理的。由于人的奋斗对于人来说是有意义的，因此人的奋斗必定是与人相关的。

## 第一节　人的奋斗具有现实性

人的奋斗具有现实性。人的奋斗不是依据某些不变的本质来被理解的，人的奋斗总是在一定的环境中被理解的。人的奋斗的展开状态属于人的奋斗的存在状态。这意味着人总是朝向现实而动的。

奥地利作家弗兰兹·卡夫卡（Franz Kafka，1883—1924年）对古斯塔夫·雅诺施（Gustav Janouch，1903—1968年）曾

说过：“虚假的、通过外部措施去争取的假自由是一个错误，是混乱，是除了害怕和绝望的苦草外什么都不长的荒漠。这是自然的事，因为凡是具有真正的、耐久的价值的东西，都是来自内心的礼物。人不是从下往上生长，而是从里向外生长。这是一切生命自由的根本条件。这个条件不是人为地制造出来的社会气候，而是不断地通过斗争去争取的对自己和对世界的一种态度。有了这个条件，人就能自由。”①

弗兰兹·卡夫卡对古斯塔夫·雅诺施还说过：“现实是塑造世界和人的最强大的力量。它到处起作用。正因为如此，它有现实力量，谁也不能逃脱它。梦只是一条弯道，人们最后总是回到离他最近的经验世界。”②弗兰兹·卡夫卡看到了人的普遍生存处境和内心状态。

英国电影导演、演员查理·卓别林（Charles Chaplin，1889—1977 年）在《查理·卓别林自传》中说道：“生活有时会让我们栽一个跟头，每走一步都可能摔破鼻子。我们摔倒之后，唯一能做的事情就是爬起来，然后自嘲一番，这是我们取得成功的唯一品质，同时还能将重重的挫折变成前进的垫脚石。”③

查理·卓别林在《查理·卓别林自传》中还说道：“我没有

① 〔奥〕卡夫卡口述，〔捷〕古斯塔夫·雅诺施记述：《卡夫卡谈话录》，赵登荣译，桂林：漓江出版社，2021 年，第 37 页。

② 〔奥〕卡夫卡口述，〔捷〕古斯塔夫·雅诺施记述：《卡夫卡谈话录》，赵登荣译，桂林：漓江出版社，2021 年，第 47 页。

③ 〔英〕查理·卓别林著，〔美〕罗斯·怀尔德·莱恩执笔：《查理·卓别林自传》，关明孚译，沈阳：辽宁人民出版社，2018 年，第 138 页。

任何成功的金科玉律提供给别人。是的，我一直在尽自己最大的努力去工作——但是，其他与我一样努力与拼搏的人却远没有得到像我一样的回报。无论你将之称为运气、命运还是天意，在我看来，每个人的人生其实都不是他们自己所能控制的。”

“如果西德尼当时没有及时回到伦敦，我可能已经成为伦敦大街上的一个小偷；如果威廉·吉利当时将我带到美国，我可能已经变成了一名悲剧演员；如果玻璃工厂的爆炸更加猛烈一些的话，我的无名之墓上可能已经青草盈盈了。现在，不知为什么，观众喜欢上了我的电影，从我的电影中看到了幽默的元素，但是还有很多人与我一样努力却没有得到这样的厚待。而我，查理·卓别林却成为‘美国最搞笑的人’，成为一名百万富翁。”

“到底是什么决定了我们在这个喜剧大舞台或是世界上的命运呢？我不知道，我只知道，无论发生什么事，笑一下总是一件好事。”①

查理·卓别林生于英国伦敦穷苦艺人家庭。1909 年加入卡尔诺剧团，从事哑剧表演。1913 年在美国开始电影活动。1919 年建立独立的制片厂，编导并主演《淘金记》《城市之光》《摩登时代》《大独裁者》《凡尔杜先生》《舞台生涯》等影片。1952 年因受麦卡锡主义迫害，定居瑞士。后又拍摄了《一个国王在纽约》

① 〔英〕查理·卓别林著，〔美〕罗斯·怀尔德·莱恩执笔：《查理·卓别林自传》，关明孚译，沈阳：辽宁人民出版社，2018 年，第 218—219 页。

等。在影片中他创造出夏尔洛这一善良、机灵、幽默但又虚荣心强的小人物形象，得到了全世界观众的喜爱和理解。查理·卓别林的作品具有强烈的人道主义精神，充满对下层人民的深切同情和对资本主义社会的无情讽刺。查理·卓别林曾获奥斯卡特别荣誉奖。查理·卓别林看到了人的奋斗具有现实性。

美国经济学家乔治 J. 施蒂格勒（George J. Stigler，1911—1991 年）在《施蒂格勒自传：一个自由主义经济学家的自白》中说道："科学上的重大发现通常都是在历尽'踏破铁鞋无觅处'的探索之后才能获得。在探索的过程中，往往还会在无数条没有尽头的死胡同中钻研甚久。只有极少数的想法才能发展成为一个假说，而能够经受住随之而来的考验和反驳的假说，更是屈指可数。能像阿基米德那样突然灵光闪现，兴奋地欢呼'我找到了'的人，真可谓是这样可遇而不可求的事件中的英雄人物。在一生的职业生涯中，我一直与顶尖的学者一起工作，但是只经历过一次类似阿基米德式的灵光闪现，而且是作为一个旁观者。"[①]乔治 J. 施蒂格勒看到了人的奋斗具有现实性。

## 第二节　人的奋斗具有能动性

人的奋斗具有能动性。在奋斗的过程中，人成为人之所

---

① 〔美〕乔治 J. 施蒂格勒：《施蒂格勒自传：一个自由主义经济学家的自白》，李君伟译，北京：机械工业出版社，2016 年，第 63 页。

是，人出现在人自身面前。人的奋斗的能动性向人显示了人的能动性。人的奋斗的能动性限制并决定着人的奋斗的可能性。如果人的奋斗的可能性要被理解，就必须在人的奋斗的能动性上被理解。

美国政治家、科学家本杰明·富兰克林（Benjamin Franklin，1706—1790 年）在《我的奋斗：富兰克林自传》中说道："我出身卑微，幼时家境贫寒，如今生活富足，还享有一些名声。我在人生之路上如此幸福地走了一程，依靠自己的力量以及上帝的眷顾，取得了成功。子孙们或许想要了解我的成功经验，从中寻找一些适合自己的方法然后加以仿效。"

"我回首往昔时经常觉得，我的人生一直都很幸福，如果拥有机会，我愿意重走人生之路。作家们在作品再版时能够修改头版的错误，我也希望重走人生之路时能够更正自己所犯的错误。除此之外，最好还能将那些凶险不幸的遭遇变得顺利幸福一些。但是，即使无法重新书写人生，我也依然愿意重走人生之路。不过这毕竟无法实现，最贴切的做法莫过于将我所经历的一切变成文字，尽可能长久地保存下来。"①

本杰明·富兰克林早年从事报业活动。1731 年在费城建立北美第一个巡回图书馆。1743 年组织美洲哲学会，后协助创办宾夕法尼亚大学。独立战争时参加反英斗争，当选为第二届大陆会议代表，并参加起草《独立宣言》。1776—1785 年出使法

① 〔美〕富兰克林：《我的奋斗：富兰克林自传》，屈帮亚译，南京：江苏凤凰文艺出版社，2019 年，第 2 页。

国，1778 年缔结法美同盟。又代表美国与英国谈判，1783 年签订《巴黎和约》，英国正式承认美国独立。1787 年作为制宪会议代表，主张废除奴隶制度。科学上发明避雷针，在研究大气电方面作出贡献。哲学上拥护自然神论。本杰明 · 富兰克林看到了人的奋斗具有能动性。

德国艺术理论家康拉德 · 费德勒（Konrad Fiedler，1841—1895 年）曾说过："人们以各种不同的形式表现出这一需求，即冲破生存必需之藩篱。正好是那些天性追求高贵、追求精致生活的人不堪忍受地意识到，一旦人毫无反抗地受制于所有使之岌岌可危的力量，他在那一刻若不动用实际的能力来保护自己，他就无法生存。人的内心总是一再地产生这种本能的欲望，将生活中所有的外在顾虑置于一旁，无忧无虑地为他自己及别人的命运而活，似乎他不是那复杂的生活机器的一部分，也不必参与那庞大的相互牵制体系的运行。这一欲求足以产生病态的现象。在所有这些傻瓜中，有这么一些人显得尤为值得敬仰，他们为自己虚拟了一个未来的世界，并通过准备应对另类生活的要求而逃脱尘世生活的要求。这些人果断地全面动用自己的力量和天分投入到实际的生活中去，在相互影响中为自己和其他人的生活寻求生存之可能并使之变得轻松，即使是这种人偶尔也会对自己说，不管他所有的行为、所有的追求看起来是多么富有意义、多么重要、多么乐善好施，而在其内心，就宛如偶尔泛起涟漪的一丝风，不会对永久的安宁与和谐有丝毫的影响。他内心也会产生这种渴求，逃脱风浪的侵袭，隐匿在平静和安宁之中，只是观看而无所作为。当然，人的这一倾向可能出自双重的缘由，其一是软弱的结果，其二却是能量的最充分释放。人们必须区分，舒适安逸在哪方面放弃了那些人自认为无能力获取的东西，深思熟虑又在哪方面舍弃了利益，因为这些利益看来仅仅是阻碍其达到较高目标的障碍。在这一领域的所有现象中，只有一种让我们觉得是真正值得尊敬的。谁若是在事物的真正形态前闭上双眼并为自己用错误和误入歧途的情感编织一个生活的合成物，将自己隐藏其中，以不受生活中不愉快之事的纷扰，那么他就不会要求自己尊重同时代的人及后代。谁若是认识到，人具有将自己与其他所有生物区分的能力，有认知的能力，谁若是不理睬甚至忽略所有实际的顾虑，甚至不惜冒险使自己的身体遭受损害并丧命，那么他就确实属于人类的精英，只有笨蛋和自私自利者才会指责他未能满足生活的实际需求。”[①]康拉德·费德勒看到了人的奋斗具有能动性。

瑞士心理学家卡尔·古斯塔夫·荣格（Carl Gustav Jung，1875—1961年）在《荣格自传：回忆、梦、思考》中说道：“我对自己的人生旅程感到满意，这种生活是充实而又让我受益良多的。我根本就没有寄期望于有如此大的收获。只是那些出乎意料的事总是在我身边不断出现。我要是不同的另一个人，很多事情可能也就与此不同了。源于我即是我，因而该发生的事

① 〔德〕康拉德·费德勒：《论艺术的本质》，丰卫平译，南京：译林出版社，2017年，第1—2页。

还是发生了。很多事情就像预料的那样发生了，不过这一切对我而言未必总有所助益。但是其中的大部分事情还是自然地发生，如命中注定一般。我也干过很多蠢事，对此我悔恨不已。那全因我的固执，而也因为这种固执，我也达到了我的目的。所以，面对这种固执，我既对人们失望，也对自己失望。我从现世中取得了许多令人惊异的成就，而这些成就远远超过了自己的期望。我没法给出终结性的判断，是因为生命现象和人的现象都既深且广。我越是年长，越深知我对自己的洞察和了解就越少。”

“我对自己是既吃惊、失望，又觉得快慰。我悲痛、消极，而又振作。这所有的情感集于一身，不多不少才是真我。我无法做出预判，说哪部分有价值，哪部分没有价值，对于我本人及我的一生，我也无法下定论。我无法确定任何东西，也无法确信任何事情。我没有什么明显不变的看法，对任何事情都没有。我所知道的只是：我出生，生存着，我就是这样，我自己是被裹胁着向前的。我存在于某种我并不知道的事物的基础上。这所有的一切都是不确定的，我却感觉到了一切存在都潜藏着一种稳固与实在性，而我的本质也是如此。”

“我们身处其中的这个世界是野蛮而残酷的，但同时又是个有着圣洁之美的世界。我们认为哪一种比较重要，是有意义，还是毫无意义，这是具有突发性的。如果无意义性占据了主导，那生活的意义性便会随着我们每一步前行而消弭。但事实并非如此，或在我看来不是这样。就同所有形而上学的问题一样，这两者都对：生活既有含义，又毫无意义，但我却抱有这样的想法：有意义最终将占上风，并取胜。”[①]卡尔·古斯塔夫·荣格看到了人的奋斗具有能动性。

法国哲学家艾伯特·史怀哲（Albert Schweitzer，1875—1965年）在《敬畏生命：史怀哲自传》中说道：“其实，发生在各民族，乃至整个人类范围内的任何重大事件，都可以从精神方面找到各自原因，而这种原因又恰恰源于一种普遍的生活态度。”

“那么，文明究竟为何物呢？”

“文明的基本要素是指个人及社会在伦理方面的不断完善。同时，无论精神上或物质上的进步，对于文明而言都是至关重要的。因此，对文明的渴求其实也是全世界对进步的渴求，并且以伦理为最高价值标准。尽管我们格外重视在科学和人类能力方面所取得的成就，但显然只有以伦理目标为努力方向，人类才能充分地从物质进步中受益，并且排除随之而来的危险。目前的世界形势便是这代人判断失误的可怕证据：他们相信进步本身包含着一种内在的驱动力，能够自然而然、自动地完成；而且他们以为，进步再也无需任何伦理理想，仅靠知识和实干便足以达成目标。”

“对于我们来说，摆脱混乱的唯一可能途径就是肯定一种基

---

① 〔瑞士〕荣格：《荣格自传：回忆、梦、思考》，戴光年译，成都：四川人民出版社，2019年，第312—313页。

于真正文明理想的世界观。”

“然而，这种兼具一般进步和伦理进步之渴求的世界观，其本质又如何呢？”

“它实际上从伦理方面对世界和人生作出了肯定。”[①]艾伯特·史怀哲看到了人的奋斗具有能动性。

美国心理学家马丁·塞利格曼（Martin E. P. Seligman，1942—）在《塞利格曼自传》中说道：“我认为，人类无与伦比的想象未来的能力，即憧憬的能力，是属于我们这个物种的独一无二的特征。”

“我们憧憬未来的能力是独一无二的，这种能力可能最终会使渴望变为现实。因此，我们其实应该被命名为‘计划人’，即‘憧憬未来的人类’。”

“这促进了对心理科学的前沿和中心的憧憬。在传统观点中，如果你想知道我将来会做什么，原则上你大概需要知道以下 4 件事：我的过去、我的基因组成、目前的刺激因素、我现在的动力和动机。精神分析、行为主义以及大多数认知心理学都认同这个观点，但我不认同。我一直致力于研究能动性，从习得性无助开始，在思考憧憬的过程中，能动性成了我关注的焦点。这是困扰了我 50 年的传统心理学中最大的盲点：它忽略了人类的能动性及其特有的支点，即一种使过去和现在得以新陈代谢从而创造未来，并在可能的未来中做

① 〔法〕史怀哲：《敬畏生命：史怀哲自传》，杨巍译，南京：江苏凤凰文艺出版社，2017 年，第 146 页。

出选择的思维。”[1]

人类永远不会停止憧憬未来，因而人类永远不会停止奋斗。奋斗是人类未来的导向。马丁·塞利格曼看到了人的奋斗具有能动性。

## 第三节　人的奋斗具有社会性

人的奋斗具有社会性。如果人要理解人的奋斗，就必须理解人的奋斗的社会性。只要人奋斗着，人的奋斗就具有社会性。人确实是在社会中生存着的和发展着的。人确实是在社会中奋斗着的。人理解人的社会性。人理解人的奋斗的社会性。

丹麦作家汉斯·克里斯蒂安·安徒生（Hans Christian Andersen，1805—1875 年）在《安徒生自传》中说道：“我的人生是一部美丽的童话，快乐温馨又充满曲折。少年时期，我只身闯荡世界，一贫如洗，孤独无依，幸而遇见了一位善良的精灵，她对我说：‘选择你自己的人生方向，并确定你为之奋斗的目标，听从你的意愿和理智，我会给予你指引和保护，直到实现你的目标。’这是命运对我最愉快，也是最为庄严郑重的启示。我的人生阅历告诉我，也将告诉世人：仁慈的上帝善意地

① 〔美〕马丁·塞利格曼：《塞利格曼自传》，庞雁译，杭州：浙江教育出版社，2020 年，第 298 页。

主宰着世间万物。”[①]

汉斯·克里斯蒂安·安徒生生于鞋匠家庭。童年生活贫苦。早期写有诗歌、剧本和长篇小说《即兴诗人》等。1835年开始写童话，共写160余篇。在《丑小鸭》《小克劳斯和大克劳斯》《皇帝的新装》《夜莺》《卖火柴的小女孩》《她是一个废物》等篇中，揭露社会的黑暗和金钱支配一切的罪恶，讽刺统治阶级的专横愚昧，反映贫富之间的悬殊，同情下层人民的苦难。汉斯·克里斯蒂安·安徒生的作品想象丰富，情节生动，语言朴素，他看到了人的奋斗具有社会性。汉斯·克里斯蒂安·安徒生面对挫折，却坚持不懈地奋斗。他一生坎坷，却把欢乐洒向世界。

汉斯·克里斯蒂安·安徒生在《安徒生自传》中还说道：“我自己会追寻不舍，一个新的未知的时期即将开始。会发生什么事？我不知道。但我满怀感激与信心展望未来。在我的一生中，光明和阴暗的日子总是把我引导到最好的境界。就像向着一个确定的目标航行——我站在舵柄旁边，选好了我的航线。但是上帝支配风暴和大海。他也许会把船引向他途，但不管发生了什么，对于我来说都是最好的。我在心中坚定地抱着这个信念，它让我高兴。”

“到目前为止，我的生命故事如此丰富而绚丽地展现在我

① 〔丹〕安徒生：《安徒生自传》，胡晓琛、朱雯霏译，北京：作家出版社，2018年，第1页。

面前，对此我绝无可能进行编造。我觉得自己是个幸运的孩子，几乎每个人对待我时都充满爱意和真诚，我对人类天性的信心很少遭到玩弄。上至王公，下至贫农，我都能感受到高贵之心的跳动。和上帝与人们生活在一起并相信他们是一种快乐。在此，如同坐在至交中间一般，我坦诚而充满自信地讲述了我一生的故事，道出了我的哀愁与快乐，表达了我对所有喝彩和好评的欣喜，我相信甚至在上帝面前也能这样做。不过，这代表狂妄自大吗？我不知道。此时，我的内心充满感动与谦卑，我脑中只有对上帝的感激。我讲述这些故事，不仅因为我想把这部简写版自传放入我的作品选集，还因为一个已经提到过的原因：我的生命历史将是我所有作品的最好评注。”①

法国哲学家埃德加·莫兰（Edgar Morin，1921—）在《整体性思维：人类及其世界》一书中说道：“我们是由社会决定的，但是我们本身作为个人或个人的群体又可以改变社会，通过发明，通过政变，或通过革命。在这里，社会不应忘记它只是通过个人而存在，而个人也不能忘记他们只是通过社会充分实现了自己的人类存在。因此个人具有‘主体’的身份，用法语表达就是 je（我）。我说 je（我），表明我是主体，单数第一人称。当我在说‘我’时，我在自我肯定，把我置于世界的中

① 〔丹〕安徒生：《安徒生自传》，胡晓琛、朱雯霏译，北京：作家出版社，2018 年，第 198—199 页。

心。说我就是做了一个以自我为中心的行动。重要的是要看到，所有人类存在和所有生物存在都在本身含有这个以自我为中心的原则，这个原则促使他（它）们自我防卫、自我保护、自我发展、自我进食以维持自己的生命，给予自身的存在以优先性。”

“但与这个肯定‘我’的以自我为中心的原则还并存着另一个既互补又对立的原则，即关于 nous（我们）的原则。这个关于‘我们’的观念，同样深深扎根在个人的心底，从他出生时显现。随着他来到世间，对被注视、温情、抚摸、摇晃的需要将发展为在一个家庭内部对父母、对兄弟姐妹眷恋的感情。以后这种感情还会扩展到更大的范围，成为对待祖国、党派、宗教、朋友、所爱的人的感情。个人的生活就是不断地从‘我’过渡到‘我们’和从‘我们’过渡到‘我’的两极之间的运动。一方面，个人为了‘我们’自我牺牲，以保卫自己的亲人、国家、政治见解、宗教，等等；而另一方面，‘我们’被牺牲，为了‘我’的生存或物质利益忘却或不顾其他人。”

“在我们文明的当前历史时刻，我们处于‘我’的观念即个人主义过分发展的形势中。个人主义包含自主性、责任性这些积极方面，也包含利己主义、缺乏互助精神这些消极方面。人的深刻向往，无论他是否自我意识到，都是在一个‘我们’中充分发展他的‘我’。掌握这个两极间的关系，是理解个人的主观性所绝对必要的。”①

个人和社会是互相依赖、互相作用的关系。一方面，个人依赖于社会，无社会即无个人；另一方面，个人影响并作用于社会，社会也依赖于社会中的个人。埃德加·莫兰看到了人的奋斗具有社会性。

## 第四节　人的奋斗具有必然性

人的奋斗具有必然性。在人的奋斗中，人的奋斗的必然性通常能够被理解。人关于奋斗的做法证明了这一点。奋斗是必然的，又是不确定的。人知道人必将奋斗，又知道何时将奋斗是不确定的，还知道人将单独地奋斗。人的奋斗能够显现出人对于奋斗的深刻理解。

德国哲学家鲁道夫·欧肯（Rudolf Eucken，1846—1926年）在《大思想家的人生观》一书中说道：“最重要的是，我们需要确定我们精神生活的基础。”

“对待像我们这样的时代有两种方法，这样的时代又重新被迫考虑最基本的问题，甚至不得不为了确保精神生活的可能性而挣扎。首先，它们是艰难的、令人不适的时代，让人心烦意

① 〔法〕埃德加·莫兰：《整体性思维：人类及其世界》，陈一壮译，北京：中国人民大学出版社，2020 年，第 17—19 页。

乱、无法安静下来，这样的时代也是产生异议和否定的温床，它以无情的直接方式让我们清清楚楚地充分认识到了人类的渺小和人类在宇宙中不确定的位置。但是，另一方面，一旦我们清楚地认识到这些时代所存在的问题的约束以及对其产生影响的精神必然性的话，它们就会变成激动人心的、进步的、能带来丰硕成果的时代，并赋予人类独一无二的尊严和使命。因为这些时代展示出的是人类只有通过自己的行为才能明白其本性中最基本的特点，自己也是整体建设中的合作者，是自身命运的主宰。这样的时代迫使人类直面问题，不要企图从外界寻求帮助，而只能从内心的精神世界中获得帮助。这样的时代打破了很多东西，但毕竟它们打破的都是从一开始就可以被打破的事物。永久和本质的东西会一直清晰地矗立在那里，生活历经检验后也会以一种更新的、更真实的形式展现出来。正是这样的时代才培育了人类的责任意识、提升了个人的重要性；也更清晰地向人们说明了，在精神生活的更高层次上，不是时代塑造人而是人塑造时代。”

“因此，尽管现在的这个时代有如此多的让人费解的问题，我们还是可以乐观地总结我们的历史调查，而不带有任何对未来的悲观预测。只要信念可以从只属于人类的沉思中诞生，进而承认精神世界的存在，那么我们可以认为我们当下的困惑只是暂时的，而且在努力塑造全新生活的过程中，我们依然可以从过去的精神宝库中汲取很多有价值的东西。因为如果能正确理解过去的话，过去并不仅是过去了。”[①]

人在奋斗中能够展示出人的巨大的热情和力量。由于人的奋斗能够使人热切地探求真理，因而人的奋斗有利于人的生存和发展。鲁道夫·欧肯看到了人的奋斗具有必然性。

## 第五节　小　　结

每一种奋斗都有它自身的奋斗特性。奋斗对于人来说是极为重要的。奋斗能够有助于人。奋斗能够把人引向光明的方向。在奋斗的过程中，人逐渐理解人自身。通过奋斗，人能够对于自己有一个理解。人在奋斗中能够理解奋斗的可能性。人在奋斗中不仅能够理解人的生存的可能性，而且能够理解人的发展的可能性。人的奋斗不仅能够展现人的生存结构，而且能够展现人的发展结构。

人总是在奋斗中体验人自身的。只有当人处在奋斗之中，人才能理解奋斗。认识到人的奋斗的意义是极为重要的。人在奋斗之中是能够被展开的。正因为人本质上就融身于奋斗之中，奋斗才会以不同的方式被展开。人的奋斗使人能够知晓奋斗，并为人提供了知晓奋斗的视角。奋斗是人存在于世界之中的根本方式，而这意味着人是置身于奋斗中的。人总是奋斗着

① 〔德〕鲁道夫·欧肯：《大思想家的人生观》，邵世恒、彭真颖、吴祺译，北京：北京时代华文书局，2018 年，第 565—566 页。

的。人能够敞开人的奋斗，或者使之扩展。

人的奋斗的本质是在奋斗之中形成的。如果人的奋斗是需要理解的，那么人的奋斗从根本上就发生于理解之中。在奋斗之中，人是有人所是的可能性的。人是以人的奋斗为基础的。由于人的奋斗的基本方式是能动的，因此人才能处于奋斗之中。当人奋斗时，人就为人自身谋划奋斗的可能性。在奋斗中，奋斗的可能性展开着。人总是从某个视角来理解奋斗，因此奋斗总是被理解为某个奋斗。

# 第十二章　自然科学家奋斗观

如果人能够正确地理解奋斗，人就能够正确地面对奋斗，也就能够正确地面对人自身。人能够向着奋斗展开人自身。理解奋斗能够使奋斗指向它的可能性。人总是在谋划着奋斗的可能性。人总是继承着流传给人的奋斗的可能性。但此继承并不是回到过去，如那时奋斗着的人所体验的那样来体验，也不是以某种不变的模式把过去的奋斗带到人的当前。继承是，把过去的奋斗的可能性当作人自身奋斗的可能性来谋划。

## 第一节　奋斗具有社会性

奋斗具有社会性。奋斗是在某种社会环境中发生的。人并不是靠人自己进入奋斗之中的。人是在某种社会环境中被带入奋斗之中的。人总是已经与奋斗在一起。人社会性地生存着和发展着。人社会性地奋斗着。

德国博物学家恩斯特·海克尔（Ernst Haeckel，1834—1919年）在《宇宙之谜》一书中说道："19世纪末为没有成见的有识之士演出了极为壮观的一幕。所有受过教育的人士都一致认为：19世纪在许多方面都大大超过了以前的世纪，解决了本世纪初尚认为不可能解决的问题。在真正的自然认识领域里，不仅在理论上取得了惊人的进步，而且在技术、工业、交通等等方面的实际应用过程中，也取得了极其丰硕的成果。这两者都给我们整个现代文明生活打上了鲜明的印记。然而另一方面，在精神生活和社会关系这样重要的领域里，与过去世纪相比，我们却取得很少或者干脆没有取得什么进步，甚至令人遗憾地出现某些严重的倒退。这种明显的矛盾，不仅使人产生一种内部支离破碎、虚妄荒谬的令人厌恶的感觉，而且在政治与社会领域里还会有引起重大灾难的危险。本着极端的责任心来解决这一矛盾，消弭由此而产生的危险，这不仅是每一位正直的满怀人类之爱的研究者的美好权利，也是他的神圣义务。我们确信，只有积极努力去认识真理，树立一个明确的建立在真理基础之上的合乎自然的世界观，才能达到上面所说的目标。"①恩斯特·海克尔看到了奋斗具有社会性。

英国物理学家杰里米·鲍伯戈（Jeremy J. Baumberg）在《科学的隐忧》一书中谈到科学的目的是什么时说道："是什么激励科学家从事科学事业？每个科学家的答案都不同，这取决

① ［德］恩斯特·海克尔：《宇宙之谜》，袁志英等译，北京：北京大学出版社，2020年，第3—4页。

于他们在科学生态系统中的处境。……许多科学家最初选择科学事业，都没有明确的终极目标。通常情况下，科学家的原动力来自好奇心。在他们追逐好奇心的过程中，催生了新技术，从而让更多的科学研究成为可能。这形成了一个良性循环，将科学的各个部分连接成一个整体。”①

杰里米·鲍伯戈在《科学的隐忧》一书中谈到科学的未来时说道：“我们衡量科学的时候，一直聚焦在新思想和新成果上，这些科学成果对社会具有影响力。但这种方式忽视了科学家对社会的影响力。一名拥有独特世界观的优秀科学家可以对社会产生巨大的影响，大过他们发表的论文。在理查德·费曼的年代，他用极富魅力的方法向人们展示了科学生活的精髓。我们必须对科学家的职业生涯进行评估，来看看哪些科学家对社会产生了有益的回报。今天的科学家是我们想要的样子吗？毫无疑问，科学家的人生并不容易，他们必须与所有人互相竞争，争夺名誉和经费。这种人生充满了自我怀疑，也不乏自我改善，但更重要的是，这也是一种自我反思的人生。科学界是一个阶级式的社会，按成就大小论资排辈，这使得许多想要成为科学家的人不得不另辟蹊径，但这个阶级社会也不断有新鲜血液注入，让这个系统永葆青春。我担心，科学家的来源是否能始终保持多样化，能不能像过去一样，依然可以来自专利审

① 〔英〕杰里米·鲍伯戈：《科学的隐忧》，汪婕舒译，北京：中信出版社，2021年，第49页。

查员（比如爱因斯坦）、电话公司（比如特斯拉和爱迪生）、工厂车间、工程现场或者寝室里（比如亚历山大·贝尔）？答案似乎取决于领域：IT 领域的人四处开花，但生物学家却只能产生于流水线式的实验室中。……如果我们培育科学家的方式只能让他们越来越同质化，而无法让他们变得更好，那么，科学教育的多样化便不可避免地降低了。”①

杰里米·鲍伯戈在《科学的隐忧》一书中谈到改变科学生态系统时说道：“如果没有竞争，科学便是死路一条。但是，一旦存在竞争，科学的面貌便变得扭曲。那么，科学如何才能向前进？我们开展科研的方式当然可以改变，即便我们看不到这将如何发生，以及之后会发生什么。……只有从全局出发，我们才能开始思考应当如何改造这个系统。科学生态系统如今交到你的手中了。”②

杰里米·鲍伯戈反思、揭示、挑战了人类社会的科学现状。在杰里米·鲍伯戈的眼中，科学不是一堆数字，科学的本质是人类的探索欲和好奇心。

科学是运用范畴、定理、定律等思维形式反映现实世界各种现象的本质和规律的知识体系。科学是社会意识形式之一。科学按研究对象的不同，可分为自然科学、社会科学和思维科

① 〔英〕杰里米·鲍伯戈：《科学的隐忧》，汪婕舒译，北京：中信出版社，2021 年，第 254 页。

② 〔英〕杰里米·鲍伯戈：《科学的隐忧》，汪婕舒译，北京：中信出版社，2021 年，第 271—272 页。

学，以及总括和贯穿于三个领域的哲学和数学。科学按与实践的不同联系，可分为理论科学、技术科学、应用科学等。科学来源于社会实践，服务于社会实践。科学是一种在历史上起推动作用的革命力量，在现代，科学技术是第一生产力。科学的发展和作用受社会条件的制约。现代科学正沿着学科高度分化和高度综合的整体化方向蓬勃发展。社会主义现代化建设，必须吸取和掌握一切先进的科学技术。

科学有崇高的地位和无与伦比的权威。人们对科学的高度尊重是显而易见的。科学的崇高地位，无疑与科学所取得的巨大成功有着密切的关系。科学使人们认识了从微小的基本粒子到浩瀚的宇宙，从简单的细胞到复杂的生命系统，从现实的社会到虚拟的世界。科学的成果提高了人类的认识能力、实践能力和知识水平，改变了人们的生产和日常生活。遗传工程突破了气候和土壤对生长的限制，使人类能够生产出更多更高质量的食物；生物技术能够提高人们的健康水平，治愈许多过去的不治之症，延长人类的寿命；纳米技术给人类提供了新的材料，给制造业带来了一场革命；现代化的交通和通信技术打破了人类的地域观念，使人们的交往更为便捷；信息技术通过网络把世界各地联系在一起，使地球变成了地球村。

科学技术在改变人们的物质生活条件的同时，也极大地影响了人类社会的进程，改变了人们的思想观念和传统的生活方式，带来了新的社会分工，导致新的社会分层，甚至整个社会结构的变化。

但是，科学并非解决人类所有问题的灵丹妙药。科学技术的滥用导致全球气候变暖、生态环境恶化、能源匮乏、大规模杀伤性武器对人类的威胁以及诸如此类的其他负面影响。可见，科学具有独特的和与众不同的特点。

## 第二节　奋斗具有历史性

奋斗具有历史性。过去的奋斗总是人的奋斗的一部分，作为活的传统而现存于人的奋斗之中。人历史性地生存着和发展着。人历史性地奋斗着。人的奋斗由于对历史性的坚持而变得复杂。人需要把握奋斗的历史性以理解奋斗的整体性。在奋斗之中，那过去了的奋斗被传递下来。

英国博物学家托马斯·亨利·赫胥黎（Thomas Henry Huxley，1825—1895 年）在《进化论与伦理学》一书中说道："科学的发展，不仅仅是自然科学的发展，而是所有科学的发展，都意味着用以前未曾有过的概念，来揭示现象之中的秩序和自然的因果联系。凡是对 200 年来科学思想在人类知识的每个领域取得的进步有所了解的人，都不会否认，科学王国的版图获得了巨大的增长；没有人会怀疑，未来两百年人们将目睹科学王国在更大范围内进行扩张。特别是在神经系统生理学领域，从目前分析生理和心理现象之间的联系所取得的成就来看，有理由相信未来会取得更为巨大的进步——迟早会准确地揭示出，一切所谓的心灵的自发活动，彼此之间相互联系，而且与生理现象相关联，将形成一个严格意义上的自然因果系列。换句话说：我们现在仅仅知道因果链条的较近部分，即所谓的物质现象经过因果变化产生所谓的精神现象；接下来，我们会知道因果链条的较远部分。”[①]托马斯·亨利·赫胥黎看到了奋斗具有历史性。

恩斯特·海克尔在《宇宙之谜》一书中说道：“真正科学的全部工作在于认识真理。我们真正有价值的知识是真实的自然界的知识，它是由与真实存在的事物相符合的表象所构成的。我们虽然不能认识真实世界最内在的本质——‘自在之物’，但是公正的和批判的观察与比较使我们确信，在大脑和感官正常情况下，外界在所有有理性的人的大脑与感官处所产生的印象是一样的，在思维器官功能正常的情况下所构成的特定表象也都相同。我们将这些印象与表象都称之为真实的，并确信其内容符合于事物可认识的部分。我们知道，这些事实并非虚构，而是实在的，并且是以被千百次证实了的经验为基础的。”[②]恩斯特·海克尔看到了奋斗具有历史性。

科学方法是人们获得科学认识所采用的规则和手段系统。科学方法是揭示客观世界的性质和规律、获得新知识和探索真理的工具。科学方法是科学发展的一个重要的内在因素。科学

① 〔英〕赫胥黎：《进化论与伦理学》（全译本）（附《天演论》），宋启林等译，北京：北京大学出版社，2010年，第56页。

② 〔德〕恩斯特·海克尔：《宇宙之谜》，袁志英等译，北京：北京大学出版社，2020年，第197页。

方法一般分为三个层次：一是专门科学方法，即某一门学科中所运用或具有的相应的研究方式、规则与手段；二是一般科学研究方法，即自然科学与人文社会科学等共同适用或分别适用的一般方式、原则与手段；三是全学科方法，即适用范围最广泛、具有最普遍方法论意义的哲学方法。这三个层次既相互区别又相互联系，体现了普遍-特殊-个别的关系。

## 第三节　奋斗具有美好性

奋斗具有美好性。人能够认识到人的奋斗的处境。奋斗能够把奋斗的真理固定下来。展现于奋斗中的真理是永存的。奋斗昭示人们：奋斗的真理是根本性的东西。奋斗要求人真实地面对奋斗中所呈现的东西。

德国物理学家马克斯・普朗克（Max Planck，1858—1947年）曾经说过："正是这种奋力向前的精神，使我们将果实永握在手中，它是我们在正确的道路上离目的地越来越近的标志。但是，这段旅程的终点终将无法到达，它永远在远方闪闪发光却遥不可及。真理的价值不在于占有，而在于追求真理的过程中所伴随的成功，它使寻求真理的人感到充实，并令他们感到幸福。"[①]马克斯・普朗克看到了奋斗具有美好性。

① 〔美〕布兰登・R. 布朗：《普朗克传：身份危机与道德困境》，尹晓冬、张烁译，北京：新星出版社，2021年，第248页。

美国物理学家约翰·阿奇博尔德·惠勒（John Archibald Wheeler，1911—2008 年）在《约翰·惠勒自传：京子、黑洞和量子泡沫》中说道："任何进行创造性工作的人，无论是科学家还是艺术家，是学者还是作家，都需要自信，甚至勇气。没有这些品质怎么能有胆量去想象前人不曾理解的原理，去发现前人不曾发现的东西？这种自信源自何处？源自人类的本性。每个年轻人天生就多少具备这种品质。青年男女读了牛顿、麦克斯韦、玻尔、爱因斯坦的著作后会说，'我要添砖加瓦，要为最基本的自然规律增添新的知识'，正是这种品质的表现。孩童都会在某个地方以某种方式获得这种高于自身能力的自信。拿我自己的童年来说，我很奇怪是什么让我自以为有能力捕捉到自然界的最大秘密。我想这必须归功于几位看出我天分的师长，尤其是我父亲。在他看来，没有哪座高峰是攀登不了的。虽然他不是学者，但他知道如何来实现他的理想。也许是因为我是在一种看重解决问题的能力并将成就（和服务）视为美德的环境下成长起来的，家里重视做事而不只限于了解事情原委，因此早年我对科学与技术、数学与设计之间的差异没有区分的概念。虽然在大学期间我对科学和数学比较感兴趣，但我从未失去对技术和设计的高度兴趣。"

"如果有人问我为什么要钻研科学，我总喜欢说因为它能满足我的好奇心，因为我天生喜欢探索，想要理解这个大千世界。如今我已经 80 多岁了，我还在继续探索。但我知道科学探索不只是追求理解，其动力来源于追求创造，追求建构一幅愿景，一种图式，一种让这个世界比以前认识的样子更完美更和谐的图像。这种渴求在童稚的心灵里就已萌发。”[①]约翰·阿奇博尔德·惠勒看到了奋斗具有美好性。

英国生物学家理查德·道金斯（Richard Dawkins）在《科学的价值》“前言”中谈到科学时说道：“科学既妙不可言又必不可少。对于灵魂而言，科学是妙不可言的，例如，站在大峡谷的南缘就可以沉思深邃的时空。科学更是必不可少的，无论是为了社会、为了人类的福祉，还是为了近期的生活和长远的未来。”[②]

理查德·道金斯在《科学的价值》一书中谈到科学时还说道：“科学还有超越美学的地方，主要体现在科学家往往愿意以牺牲短期利益为代价追求长期价值。例如，科学家会从广袤的宇宙空间的延伸、从漫长的地质时间的打磨中汲取灵感，而不会仅仅局限于人类狭隘的短期利益。科学家特别关注那些隐藏在‘永恒的表象下’（sub specie aeternitatis）的东西，尽管这样做会令他们面临一种风险，即被指责过于冷漠、不通人性。”[③]

科学精神是科学实现其社会文化职能的重要形式。科学精神是科学文化的主要内容之一。科学精神包括自然科学发展所

---

① 〔美〕约翰·阿奇博尔德·惠勒、肯尼斯·福特：《约翰·惠勒自传：京子、黑洞和量子泡沫》，王文浩译，长沙：湖南科学技术出版社，2018年，第75页。

② 〔英〕理查德·道金斯：《科学的价值》，贾拥民译，天津：天津科学技术出版社，2020年，第XIII页。

③ 〔英〕理查德·道金斯：《科学的价值》，贾拥民译，天津：天津科学技术出版社，2020年，第11页。

形成的优良传统、认知方式、行为规范和价值取向。求真务实、开拓创新是科学精神的最基本的内涵。科学精神主要体现在：一是主张科学认识来源于实践，实践是检验科学认识真理性的标准和认识发展的动力；二是重视以定性分析和定量分析作为科学认识的一种方法；三是倡导科学无国界，科学是不断发展的开放体系，不承认终极真理；四是主张科学的自由探索，在真理面前人人平等，对不同意见采取宽容态度，不迷信权威；五是提倡怀疑、批判、不断创新进取的精神。科学精神作为文化因素，不断推动着社会文化的发展和更新。

## 第四节　奋斗具有艰难性

奋斗具有艰难性。人在奋斗中所走的路是一条艰难的路。奋斗能够使人直面自己的历史性处境。奋斗使人行进于艰难的方向。但人在奋斗中能够认识到：奋斗是真理发生的场所或媒介。人生活在奋斗之中。如果人要理解人的历史性含义，人就必须追问奋斗的本性的问题。

托马斯·亨利·赫胥黎在《进化论与伦理学》“前言”中说道：“如果没有源于祖先的天性，这种天性受宇宙过程的操纵，我们将一事无成；一个否定这种天性的社会，必然会被外部力量所消灭。但如果这种天性过多，我们就会束手无策；一个被这种天性统治的社会，必然会因内部争斗而毁灭。”

“每个生活在这个世界上的人，都得在自行其是和自我约束之间寻求一种与其个性和周围环境相适应的中道。这是人生这出大戏的主题。这出大戏的永恒悲剧在于：摆在我们面前的问题，其基本组成要素我们难以完全了解，而且对这个问题的正确的解决办法，即便仅仅只是接近于正确的方法，也很少出现，直到人生阅历这个严苛的批评家，拿出足够的理由，对我们所犯下的无法弥补的过错加以幽默的嘲讽。”[①]托马斯·亨利·赫胥黎看到了奋斗具有艰难性。

科学理论是关于客观事物的本质及其规律性的相对正确认识。科学概念、科学定律、科学原理、公理和学说是科学理论的基本形式。科学理论是经过逻辑论证和实践检验并由一系列概念、判断和推理表达出来的知识体系。科学理论具有系统性、逻辑性、真理性、预言性、多元性、还原性等基本特征。科学理论的建立要经历从假说到科学理论的转化过程。实践是检验科学理论的真理性的标准，也是科学理论产生和发展的源泉和动力。

## 第五节　小　　结

奋斗的任务就是把奋斗带入人的当前的活生生的生存之中

① 〔英〕赫胥黎：《进化论与伦理学》（全译本）（附《天演论》），宋启林等译，北京：北京大学出版社，2010 年，第 4 页。

和发展之中。人的奋斗能够给人提供一条道路。人的奋斗的道路是一条可以选择的道路。人的奋斗能够不断展现与敞开人的奋斗的方向。人在奋斗中谋划着人的奋斗的可能性。人的奋斗对于人是极为重要的。人的奋斗以通常是掩蔽的和难以认识到的方式塑造着人。很显然，人必须奋斗，才能从事任何活动。

如果人能够奋斗，那么很显然，奋斗就能够让人生存和发展。人在奋斗时，人就经验着奋斗。奋斗使得人拥有与其他人相区别的关系成为可能。奋斗的意义必然源出于奋斗的本性。奋斗的意义与奋斗的本性紧密相关。对于人来说，对奋斗的反思进一步确认了奋斗的重要性。显然，人们可以说，奋斗是有起源的。奋斗者之为奋斗者是由于奋斗。奋斗者是奋斗的起源，奋斗是奋斗者的起源。

奋斗之所为是向人显示奋斗的真理。奋斗能够显示奋斗在真理中之所是。人能够理解奋斗。人能够把真理置入奋斗之中。人在奋斗中是能够奋斗化的。奋斗是动态的，不是静态的。奋斗是与人相关的，不是与人分离的。人是被奋斗所塑造的。人对于奋斗的反思是极为重要的。奋斗是人的历史性的生存和发展的源泉。奋斗总是历史性地进入人的生存之中和发展之中。奋斗总是在人的历史性环境中出场的。

科学技术是第一生产力，科学技术的飞速发展，对经济、政治、文化、社会等各个方面产生着深刻影响，日益成为推动现代社会经济发展的主导力量。因此，必须大力发展科学技术，加强科技创新，发展高新科技，同时大力普及科学知识，弘扬科学精神，在人类社会形成崇尚科学、鼓励创新、反对迷信和伪科学的良好氛围。在发展科学事业上，要坚持社会科学与自然科学并重，像重视自然科学一样重视社会科学，充分发挥哲学社会科学在经济和社会发展中的重要作用。

第五编

# 马克思主义经典作家奋斗观是什么

如果我们选择了最能为人类而工作的职业，那么，重担就不能把我们压倒。

——〔德〕马克思《青年在选择职业时的考虑》

# 第十三章　马克思奋斗观

马克思是无产阶级革命导师，马克思主义创始人。马克思主义是马克思和恩格斯创立的科学理论体系，工人阶级及其政党的世界观和指导思想。马克思奋斗观是马克思主义的重要组成部分，也是无产阶级革命运动的重要组成部分。马克思奋斗观是马克思主义的不可缺少的组成部分。

## 第一节　为人类幸福而工作

个人的奋斗和人类的幸福是息息相关的。1835 年 8 月 12 日，马克思在特里尔中学毕业考试时写的德语作文《青年在选择职业时的考虑》中说过："在选择职业时，我们应该遵循的主要指针是人类的幸福和我们自身的完美。不应认为，这两种利益会彼此敌对、互相冲突，一种利益必定消灭另一种利益；相反，人的本性是这样的：人只有为同时代人的完美、为他们的幸福而工作，自己才能达到完美。如果一个人只为自己劳动，他也许能够成为著名的学者、伟大的哲人、卓越的诗人，然而他永远不能成为完美的、真正伟大的人物。”

“历史把那些为共同目标工作因而自己变得高尚的人称为最伟大的人物；经验赞美那些为大多数人带来幸福的人是最幸福的人；宗教本身也教诲我们，人人敬仰的典范，就曾为人类而牺牲自己——有谁敢否定这类教诲呢？”

“如果我们选择了最能为人类而工作的职业，那么，重担就不能把我们压倒，因为这是为大家作出的牺牲；那时我们所享受的就不是可怜的、有限的、自私的乐趣，我们的幸福将属于千百万人，我们的事业将悄然无声地存在下去，但是它会永远发挥作用，而面对我们的骨灰，高尚的人们将洒下热泪。”[①]

马克思的职业选择是要为人类幸福而工作。马克思用自己奋斗的一生，践行了自己的人生理想。人们只有自觉地为社会奉献，为人类造福，才能不断地改变自己、改造自己和发明自己。

尽管人选择职业不能完全地随心所欲，但是正是选择的自由使人区别于动物。人不应该因为野心或突然的热情失去理智，重要的是在为人类服务中把握住工作的机会，同时避免因为抽象的真理迷失方向。为人类利益而牺牲自己生命地工作，为人类整体谋福利而自我牺牲地工作，是具体的真理的价值之

① 《马克思恩格斯全集》第1卷，北京：人民出版社，1995年，第459—460页。

所在。奋斗的基础是人而不是神，而且是具体的人而不是抽象的人，是现实的人民群众而不是抽象的人民群众。个人的奋斗能够与人类的幸福相结合是社会的巨大的进步。

马克思认为科学技术是一种革命的解放力量。马克思不但没有对科学技术展开批判，反而对科学技术大加颂扬。马克思和恩格斯在《共产党宣言》中说道："资产阶级在它的不到一百年的阶级统治中所创造的生产力，比过去一切世代创造的全部生产力还要多，还要大。自然力的征服，机器的采用，化学在工业和农业中的应用，轮船的行驶，铁路的通行，电报的使用，整个整个大陆的开垦，河川的通航，仿佛用法术从地下呼唤出来的大量人口——过去哪一个世纪料想到在社会劳动里蕴藏有这样的生产力呢？"[①]显然，这是资本主义大机器工业时代科学技术作用的结果。

对于随着资本主义机器大工业生产而来的劳动异化及其人文价值的冲突，马克思从不抽象地谈论奋斗，而是在社会层面——资本主义社会制度中寻找原因，将科学技术的异化归因于资本主义的生产关系。马克思在《资本论》第1卷中说道："一切资本主义生产既然不仅是劳动过程，而且同时是资本的增殖过程，就有一个共同点，即不是工人使用劳动条件，相反地，而是劳动条件使用工人，不过这种颠倒只是随着机器的采用才取得了在技术上很明显的现实性。"[②]

---

① 《马克思恩格斯选集》第1卷，北京：人民出版社，2012年，第405页。

② 《资本论》第1卷，北京：人民出版社，2004年，第487页。

马克思没有局限在科学技术的功用价值的考量上，而是在更高的层次上，看到了科学技术创造与人的全面发展及其本质力量展示的直接联系。马克思在《1844 年经济学哲学手稿》中说道："我们看到，工业的历史和工业的已经生成的对象性的存在，是一本打开了的关于人的本质力量的书，是感性地摆在我们面前的人的心理学；对这种心理学人们至今还没有从它同人的本质的联系，而总是仅仅从外在的有用性这种关系来理解。"①

在工业和科学技术活动中展示人的本质力量，就是人不仅通过思维，而且以全部感觉在对象世界中肯定自己。马克思在《1844 年经济学哲学手稿》中说道："不言而喻，人的眼睛与野性的、非人的眼睛得到的享受不同，人的耳朵与野性的耳朵得到的享受不同，如此等等。"

"我们知道，只有当对象对人来说成为人的对象或者说成为对象性的人的时候，人才不致在自己的对象中丧失自身。只有当对象对人来说成为社会的对象，人本身对自己来说成为社会的存在物，而社会在这个对象中对人来说成为本质的时候，这种情况才是可能的。"

"因此，一方面，随着对象性的现实在社会中对人来说到处成为人的本质力量的现实，成为人的现实，因而成为人自己的本质力量的现实，一切对象对他来说也就成为他自身的对象

① 《马克思恩格斯文集》第 1 卷，北京：人民出版社，2009 年，第 192 页。

化，成为确证和实现他的个性的对象，成为他的对象，这就是说，对象成为他自身。对象如何对他来说成为他的对象，这取决于对象的性质以及与之相适应的本质力量的性质；因为正是这种关系的规定性形成一种特殊的、现实的肯定方式。眼睛对对象的感觉不同于耳朵，眼睛的对象是不同于耳朵的对象的。每一种本质力量的独特性，恰好就是这种本质力量的独特的本质，因而也是它的对象化的独特方式，是它的对象性的、现实的、活生生的存在的独特方式。因此，人不仅通过思维，而且以全部感觉在对象世界中肯定自己。”

“另一方面，即从主体方面来看：只有音乐才激起人的音乐感；对于没有音乐感的耳朵来说，最美的音乐也毫无意义，不是对象，因为我的对象只能是我的一种本质力量的确证，就是说，它只能像我的本质力量作为一种主体能力自为地存在着那样才对我而存在，因为任何一个对象对我的意义（它只是对那个与它相适应的感觉来说才有意义）恰好都以我的感觉所及的程度为限。因此，社会的人的感觉不同于非社会的人的感觉。只是由于人的本质客观地展开的丰富性，主体的、人的感性的丰富性，如有音乐感的耳朵、能感受形式美的眼睛，总之，那些能成为人的享受的感觉，即确证自己是人的本质力量的感觉，才一部分发展起来，一部分产生出来。因为，不仅五官感觉，而且连所谓精神感觉、实践感觉（意志、爱等等），一句话，人的感觉、感觉的人性，都是由于它的对象的存在，由于人化的自然界，才产生出来的。”①

正是在工业和科学技术的创造活动和物质、精神的成果上，人们展示了自己的本质力量，发展了自己的感觉，享有更加全面和丰富的人生。

然而，资本主义社会条件下的工业大机器生产，不但没有将工人从繁重的体力劳动中解脱出来，反而将工人抽象为机器上的一个附件，从事着单调乏味和机械重复的工作。完整的劳动过程被分解，工人的劳动技巧被剥夺，劳动的创造性和成就感再也没有了。1856年4月14日，马克思在《人民报》创刊纪念会上的演说中说道：“这里有一件可以作为我们19世纪特征的伟大事实，一件任何政党都不敢否认的事实。一方面产生了以往人类历史上任何一个时代都不能想象的工业和科学的力量；而另一方面却显露出衰颓的征兆，这种衰颓远远超过罗马帝国末期那一切载诸史册的可怕情景。”

“在我们这个时代，每一种事物好像都包含有自己的反面。我们看到，机器具有减少人类劳动和使劳动更有成效的神奇力量，然而却引起了饥饿和过度的疲劳。财富的新源泉，由于某种奇怪的、不可思议的魔力而变成贫困的源泉。技术的胜利，似乎是以道德的败坏为代价换来的。随着人类愈益控制自然，个人却似乎愈益成为别人的奴隶或自身的卑劣行为的奴隶。甚至科学的纯洁光辉仿佛也只能在愚昧无知的黑暗背景上闪耀。

① 《马克思恩格斯文集》第1卷，北京：人民出版社，2009年，第190—191页。

我们的一切发明和进步，似乎结果是使物质力量成为有智慧的生命，而人的生命则化为愚钝的物质力量。”[①]

资本主义社会的这一切难道是科学技术自身所固有的罪恶吗？马克思在《资本论》第 1 卷中明确指出：“必须把社会生产过程的发展所造成的较大的生产率同这个过程的资本主义剥削所造成的较大的生产率区别开来。”[②]要把机器和机器的资本主义应用区别开来。

资本主义生产不同于传统社会的生产，资本主义生产不再满足于一般的使用价值生产，而是以价值增值为根本目的、根本动力。马克思指出，生产剩余价值或赚钱，是资本主义生产方式的绝对规律。随着科学技术进步和资本积累，资本有机构成不断提高，造成大量失业人口，使资本家可以随时雇佣廉价劳动力，因此而加重了对于在业工人的剥削。按照马克思的看法，棉纺业中的走锭精纺机、梳棉机等机器，都是为了镇压工人的罢工而发明的。机器在资本主义社会条件下，作为物化的科学技术取代了工人的劳动技能，工人失去了和资本家抗争的有效手段。在资本主义剩余价值规律的支配下，工业大机器生产及其科学技术发展成为了压榨、统治工人的力量。

1856 年 4 月 14 日，马克思在《人民报》创刊纪念会上的演说中还说道：“现代工业和科学为一方与现代贫困和衰颓为另一方的这种对抗，我们时代的生产力与社会关系之间的这种对

① 《马克思恩格斯选集》第 1 卷，北京：人民出版社，2012 年，第 775—776 页。

② 《资本论》第 1 卷，北京：人民出版社，2004 年，第 486 页。

抗，是显而易见的、不可避免的和毋庸争辩的事实。有些党派可能为此痛哭流涕；另一些党派可能为了要摆脱现代冲突而希望抛开现代技术；还有一些党派可能以为工业上如此巨大的进步要以政治上同样巨大的倒退来补充。可是我们不会认错那个经常在这一切矛盾中出现的狡狯的精灵。我们知道，要使社会的新生力量很好地发挥作用，就只能由新生的人来掌握它们，而这些新生的人就是工人。工人也同机器本身一样，是现代的产物。在那些使资产阶级、贵族和可怜的倒退预言家惊慌失措的现象当中，我们认出了我们的勇敢的朋友好人儿罗宾，这个会迅速刨土的老田鼠、光荣的工兵——革命。英国工人是现代工业的头一个产儿。他们在支援这种工业所引起的社会革命方面肯定是不会落在最后的，这种革命意味着他们的本阶级在全世界的解放，这种革命同资本的统治和雇佣奴隶制具有同样的普遍性质。我知道英国工人阶级从上世纪中叶以来进行了多么英勇的斗争，这些斗争只是因为资产阶级历史学家把它们掩盖起来和隐瞒不说才不为世人所熟悉。为了报复统治阶级的罪行，在中世纪的德国曾有过一种叫做‘菲默法庭’[①]的秘密法庭。如果某一所房子画上了一个红十字，大家就知道，这所房子的主人受到了‘菲默法庭’的判决。现在，欧洲所有的房子都画上了神秘的红十字。历史本身就是审判官，而无产阶级就是执刑者。”[②]

① 菲默法庭是中古时代盛行于德国西部威斯特伐里亚的秘密法庭。——引者注

② 《马克思恩格斯选集》第 1 卷，北京：人民出版社，2012 年，第 776—777 页。

怎样才能使大机器工业生产和科学技术发展真正成为工人解放的力量，不仅是在手段上而且是在目的上直接实现人类解放呢？马克思指出唯一的出路就是进行社会变革，废除资本主义私有制，逐步建立起一种崭新的社会制度。这种崭新的社会制度就是共产主义制度，共产主义作为完成了的自然主义，等于人道主义，而作为完成了的人道主义，等于自然主义。只有在共产主义这种新型的社会形态里，大工业机器生产和科学技术进步才能带来真正的人类解放。

## 第二节　唯物辩证奋斗观

马克思在写于 1842 年 3 月 26 日至 4 月 26 日的《第六届莱茵省议会的辩论（第一篇论文）。关于新闻出版自由和公布省等级会议辩论情况的辩论》一文中说道：“人们为之奋斗的一切，都同他们的利益有关。”①

倡导奋斗精神，绝不是漠视个人利益。这里关键是处理好人与社会、个人与集体的关系。人们不能一说奋斗就不要个人利益，一提个人利益就不讲奋斗。讲奋斗不是对个人利益的否定，而是强调个人利益与集体利益的有机统一。在建设中国特色社会主义的进程中，全国人民的根本利益是一致的，由此决定了国家利益、集体利益和个人利益在根本上是一致的。人们

① 《马克思恩格斯全集》第 1 卷，北京：人民出版社，1995 年，第 187 页。

要正确处理国家、集体和个人三者利益的关系。当个人利益同国家、集体利益发生矛盾时，个人利益要服从国家和集体利益。同时，国家和集体也要重视和依法保障个人的正当利益。提倡奋斗精神，不是无视个人利益，而是在实现最广大人民根本利益的前提下充分重视个人利益；不是用集体主义否定和取代个人的正当利益，而是引导人们在实现个人利益的同时，维护和保障国家与集体利益，在保障和发展个人正当利益的基础上，推动国家和集体利益的实现。

马克思和恩格斯在《德意志意识形态。对费尔巴哈、布·鲍威尔和施蒂纳所代表的现代德国哲学以及各式各样先知所代表的德国社会主义的批判》一书中说道："周围的感性世界决不是某种开天辟地以来就直接存在的、始终如一的东西，而是工业和社会状况的产物，是历史的产物，是世世代代活动的结果，其中每一代都立足于前一代所奠定的基础上，继续发展前一代的工业和交往，并随着需要的改变而改变他们的社会制度。"①

马克思和恩格斯在《德意志意识形态。对费尔巴哈、布·鲍威尔和施蒂纳所代表的现代德国哲学以及各式各样先知所代表的德国社会主义的批判》一书中谈到马克思主义奋斗观的本质时说道："这种历史观就在于：从直接生活的物质生产出发阐述现实的生产过程，把同这种生产方式相联系的、它所产

① 《马克思恩格斯选集》第1卷，北京：人民出版社，2012年，第155页。

生的交往形式即各个不同阶段上的市民社会理解为整个历史的基础，从市民社会作为国家的活动描述市民社会，同时从市民社会出发阐明意识的所有各种不同的理论产物和形式，如宗教、哲学、道德等等，而且追溯它们产生的过程。这样做当然就能够完整地描述事物了（因而也能够描述事物的这些不同方面之间的相互作用）。[①]这种历史观和唯心主义历史观不同，它不是在每个时代中寻找某种范畴，而是始终站在现实历史的基础上，不是从观念出发来解释实践，而是从物质实践出发来解释各种观念形态，由此也就得出下述结论：意识的一切形式和产物不是可以通过精神的批判来消灭的，不是可以通过把它们消融在'自我意识'中或化为'怪影'、'幽灵'、'怪想'[②]等等来消灭的，而只有通过实际地推翻这一切唯心主义谬论所由产生的现实的社会关系，才能把它们消灭；历史的动力以及宗教、哲学和任何其他理论的动力是革命，而不是批判。这种观点表明：历史不是作为'源于精神的精神'消融在'自我意识'[③]中而告终的，历史的每一阶段都遇到一定的物质结果，一定的生产力总和，人对自然以及个人之间历史地形成的关系，都遇到前一代传给后一代的大量生产力、资金和环境，尽管一方面这些生产力、资金和环境为新的一代所改变，但另一方面，它们也预先规定新的一代本身的生活条件，使它得到一定

① 马克思加了边注："费尔巴哈"。——引者注

② 麦・施蒂纳《唯一者及其所有物》(1845 年莱比锡版）一书中的用语。——引者注

③ 布・鲍威尔《评路德维希・费尔巴哈》一文中的用语。——引者注

的发展和具有特殊的性质。由此可见，这种观点表明：人创造环境，同样，环境也创造人。每个个人和每一代所遇到的现成的东西：生产力、资金和社会交往形式的总和，是哲学家们想象为'实体'和'人的本质'的东西的现实基础，是他们加以神化并与之斗争的东西的现实基础，这种基础尽管遭到以'自我意识'和'唯一者'的身份出现的哲学家们的反抗，但它对人们的发展所起的作用和影响却丝毫也不因此而受到干扰。各代所遇到的这些生活条件还决定着这样的情况：历史上周期性地重演的革命动荡是否强大到足以摧毁现存一切的基础；如果还没有具备这些实行全面变革的物质因素，就是说，一方面还没有一定的生产力，另一方面还没有形成不仅反抗旧社会的个别条件，而且反抗旧的'生活生产'本身、反抗旧社会所依据的'总和活动'的革命群众，那么，正如共产主义的历史所证明的，尽管这种变革的观念已经表述过千百次，但这对于实际发展没有任何意义。"①

马克思主义奋斗观的本质是唯物辩证奋斗观。奋斗本质上是物质生产的奋斗，物质生产是社会发展的基本条件。随着生产的不断发展，人们的交往关系、所有制关系也不断变化，形成社会发展。交往关系不同，人们的所有制关系也就不同，不同的所有制关系就形成了不同的社会发展阶段。

物质生产力在社会发展中最终起决定作用。一定的生产力

① 《马克思恩格斯选集》第 1 卷，北京：人民出版社，2012 年，第 171—173 页。

的发展状况是人们的历史活动的前提和出发点。生产力是一种客观的物质力量。生产力发展的继承性是人类历史发展过程中连贯性的客观基础。马克思在 1846 年 12 月 28 日致帕维尔·瓦西里耶维奇·安年科夫（Павел Васильевич Анненков，1812—1887 年）的信中说道："人们不能自由选择自己的生产力——这是他们的全部历史的基础，因为任何生产力都是一种既得的力量，是以往的活动的产物。可见，生产力是人们应用能力的结果，但是这种能力本身决定于人们所处的条件，决定于先前已经获得的生产力，决定于在他们以前已经存在、不是由他们创立而是由前一代人创立的社会形式。后来的每一代人都得到前一代人已经取得的生产力并当做原料来为自己新的生产服务，由于这一简单的事实，就形成人们的历史中的联系，就形成人类的历史，这个历史随着人们的生产力以及人们的社会关系的愈益发展而愈益成为人类的历史。由此就必然得出一个结论：人们的社会历史始终只是他们的个体发展的历史，而不管他们是否意识到这一点。他们的物质关系形成他们的一切关系的基础。这种物质关系不过是他们的物质的和个体的活动所借以实现的必然形式罢了。"①

生产力在历史发展中起决定作用。人们的生产力固然是人们实践能力的结果，但人们的生产力不是人们可以自由选择的。任何生产力都是一种既得的力量，是以往活动的结果，每

① 《马克思恩格斯选集》第 4 卷，北京：人民出版社，2012 年，第 408—409 页。

一代人都利用前一代人所取得的生产力为新的生产服务，这就形成了人们历史中的联系，形成了人类的历史。由生产力所决定的生产关系是一切社会关系的物质基础。生产关系是不以人们的意志为转移的客观物质形式。生产力决定生产关系并最终决定人们的一切社会关系，从而成为人们的全部历史的基础。社会发展与个人发展是一致的。

马克思在 1846 年 12 月 28 日致帕维尔·瓦西里耶维奇·安年科夫的信中又说道："人们永远不会放弃他们已经获得的东西，然而这并不是说，他们永远不会放弃他们在其中获得一定生产力的那种社会形式。恰恰相反。为了不致丧失已经取得的成果，为了不致失掉文明的果实，人们在他们的交往〔commerce〕方式不再适合于既得的生产力时，就不得不改变他们继承下来的一切社会形式。——我在这里使用'commerce'一词是就它的最广泛的意义而言，就像在德文中使用'Verkehr'一词那样。例如：各种特权、行会和公会的制度、中世纪的全部规则，曾是唯一适应于既得的生产力和产生这些制度的先前存在的社会状况的社会关系。在行会制度及各种规则的保护下积累了资本，发展了海上贸易，建立了殖民地，而人们如果想把这些果实赖以成熟起来的那些形式保存下去，他们就会失去这一切果实。于是就爆发了两次霹雳般的震动，即 1640 年和 1688 年的革命。一切旧的经济形式、一切和这些形式相适应的社会关系、曾经是旧市民社会的正式表现的政治国家，当时在英国都被破坏了。可见，人们借以进行生产、消费和交换的经济形式是暂时的和历史性的形式。随着新的生产力的获得，人们便改变自己的生产方式，而随着生产方式的改变，他们便改变所有不过是这一特定生产方式的必然关系的经济关系。”①

生产力的发展是社会历史发展的最深刻的根源和最根本的动力。生产力的发展、生产力与生产关系的矛盾推动着社会经济形态的变革，从而引起社会革命。社会革命的最根本的原因在于生产力的进一步发展，要求打破束缚生产力的过时的生产关系。生产关系具有暂时的和历史性的性质。在生产力的推动下，生产关系的变化必将带来整个社会关系的变化，使社会不断发展。生产关系的暂时的和历史性的性质，决定了生产关系必然要随着生产力的发展而改变。生产关系是整个社会关系的基础，生产关系的变革必然引起整个社会关系包括全部上层建筑的变革。归根到底，人类社会是在生产力的推动下，不断地由低级向高级发展的。

马克思在《资本论》这部著作中说道：“只有当实际日常生活的关系，在人们面前表现为人与人之间和人与自然之间极明白而合理的关系的时候，现实世界的宗教反映才会消失。只有当社会生活过程即物质生产过程的形态，作为自由联合的人的产物，处于人的有意识有计划的控制之下的时候，它才会把自己的神秘的纱幕揭掉。但是，这需要有一定的社会物质基础或

① 《马克思恩格斯选集》第 4 卷，北京：人民出版社，2012 年，第 409—410 页。

一系列物质生存条件，而这些条件本身又是长期的、痛苦的发展史的自然产物。”①

马克思在《政治经济学批判（1857—1858年手稿）》中说道：“随着大工业的发展，现实财富的创造较少地取决于劳动时间和已耗费的劳动量，较多地取决于在劳动时间内所运用的作用物的力量，而这种作用物自身——它们的巨大效率——又和生产它们所花费的直接劳动时间不成比例，而是取决于科学的一般水平和技术进步，或者说取决于这种科学在生产上的应用。（这种科学，特别是自然科学以及和它有关的其他一切科学的发展，本身又和物质生产的发展相适应。）例如，农业将不过成为一种物质变换的科学的应用，这种物质变换能加以最有利的调节以造福于整个社会体。”

“现实财富倒不如说是表现在——这一点也由大工业所揭明——已耗费的劳动时间和劳动产品之间惊人的不成比例上，同样也表现在被贬低为单纯抽象物的劳动和由这种劳动看管的生产过程的威力之间在质上的不成比例上。劳动表现为不再像以前那样被包括在生产过程中，相反地，表现为人以生产过程的监督者和调节者的身份同生产过程本身发生关系。（关于机器体系所说的这些情况，同样适用于人们活动的结合和人们交往的发展。）这里已经不再是工人把改变了形态的自然物作为中间环节放在自己和对象之间；而是工人把由他改变为工业过程的

①《资本论》第1卷，北京：人民出版社，2004年，第97页。

自然过程作为中介放在自己和被他支配的无机自然界之间。工人不再是生产过程的主要作用者，而是站在生产过程的旁边。”

“在这个转变中，表现为生产和财富的宏大基石的，既不是人本身完成的直接劳动，也不是人从事劳动的时间，而是对人本身的一般生产力的占有，是人对自然界的了解和通过人作为社会体的存在来对自然界的统治，总之，是社会个人的发展。现今财富的基础是盗窃他人的劳动时间，这同新发展起来的由大工业本身创造的基础相比，显得太可怜了。一旦直接形式的劳动不再是财富的巨大源泉，劳动时间就不再是，而且必然不再是财富的尺度，因而交换价值也不再是使用价值的尺度。群众的剩余劳动不再是一般财富发展的条件，同样，少数人的非劳动不再是人类头脑的一般能力发展的条件。于是，以交换价值为基础的生产便会崩溃，直接的物质生产过程本身也就摆脱了贫困和对立的形式。个性得到自由发展，因此，并不是为了获得剩余劳动而缩减必要劳动时间，而是直接把社会必要劳动缩减到最低限度，那时，与此相适应，由于给所有的人腾出了时间和创造了手段，个人会在艺术、科学等等方面得到发展。”①

马克思在《资本论》中谈到自由王国时说道：“事实上，自由王国只是在必要性和外在目的规定要做的劳动终止的地方才开始；因而按照事物的本性来说，它存在于真正物质生产领域

① 《马克思恩格斯文集》第8卷，北京：人民出版社，2009年，第195—197页。

的彼岸。像野蛮人为了满足自己的需要，为了维持和再生产自己的生命，必须与自然搏斗一样，文明人也必须这样做；而且在一切社会形式中，在一切可能的生产方式中，他都必须这样做。这个自然必然性的王国会随着人的发展而扩大，因为需要会扩大；但是，满足这种需要的生产力同时也会扩大。这个领域内的自由只能是：社会化的人，联合起来的生产者，将合理地调节他们和自然之间的物质变换，把它置于他们的共同控制之下，而不让它作为一种盲目的力量来统治自己；靠消耗最小的力量，在最无愧于和最适合于他们的人类本性的条件下来进行这种物质变换。但是，这个领域始终是一个必然王国。在这个必然王国的彼岸，作为目的本身的人类能力的发挥，真正的自由王国，就开始了。但是，这个自由王国只有建立在必然王国的基础上，才能繁荣起来。工作日的缩短是根本条件。”①

随着自然科学被日益广泛地应用于生产，人们对自然条件的利用率提高了，自然科学能够推动社会的发展。马克思在《资本论》中说道：“机器的改良，使那些在原有形式上本来不能利用的物质，获得一种在新的生产中可以利用的形态；科学的进步，特别是化学的进步，发现了那些废物的有用性质。”②

马克思在写于 1859 年 1 月的《〈政治经济学批判〉序言》中，对辩证唯物主义奋斗观作了经典表述，科学地阐明

① 《资本论》第 3 卷，北京：人民出版社，2004 年，第 928—929 页。

② 《资本论》第 3 卷，北京：人民出版社，2004 年，第 115 页。

了生产力决定生产关系、经济基础决定上层建筑、人们的社会存在决定人们的社会意识等辩证唯物主义奋斗观的基本原理，通过对生产力和生产关系、经济基础和上层建筑的矛盾运动的分析，揭示了人类社会奋斗的一般规律和经济的社会形态演进的一般进程，论证了旧的社会形态为新的更高的社会形态所取代的历史必然性。马克思说道："我所得到的，并且一经得到就用于指导我的研究工作的总的结果，可以简要地表述如下：人们在自己生活的社会生产中发生一定的、必然的、不以他们的意志为转移的关系，即同他们的物质生产力的一定发展阶段相适合的生产关系。这些生产关系的总和构成社会的经济结构，即有法律的和政治的上层建筑竖立其上并有一定的社会意识形式与之相适应的现实基础。物质生活的生产方式制约着整个社会生活、政治生活和精神生活的过程。不是人们的意识决定人们的存在，相反，是人们的社会存在决定人们的意识。社会的物质生产力发展到一定阶段，便同它们一直在其中运动的现存生产关系或财产关系（这只是生产关系的法律用语）发生矛盾。于是这些关系便由生产力的发展形式变成生产力的桎梏。那时社会革命的时代就到来了。随着经济基础的变更，全部庞大的上层建筑也或慢或快地发生变革。在考察这些变革时，必须时刻把下面两者区别开来：一种是生产的经济条件方面所发生的物质的、可以用自然科学的精确性指明的变革，一种是人们借以意识到这个冲突并力求把它克服的那些法律的、政治的、宗教的、艺术的或哲学的，简言之，意识形态的形式。我们判断一个人不能以他对自己的看法为根据，同样，我们判断这样一个变革时代也不能以它的意识为根据；相反，这个意识必须从物质生活的矛盾中，从社会生产力和生产关系之间的现存冲突中去解释。无论哪一个社会形态，在它所能容纳的全部生产力发挥出来以前，是决不会灭亡的；而新的更高的生产关系，在它的物质存在条件在旧社会的胎胞里成熟以前，是决不会出现的。所以人类始终只提出自己能够解决的任务，因为只要仔细考察就可以发现，任务本身，只有在解决它的物质条件已经存在或者至少是在生成过程中的时候，才会产生。大体说来，亚细亚的、古希腊罗马的、封建的和现代资产阶级的生产方式可以看做是经济的社会形态演进的几个时代。资产阶级的生产关系是社会生产过程的最后一个对抗形式，这里所说的对抗，不是指个人的对抗，而是指从个人的社会生活条件中生长出来的对抗；但是，在资产阶级社会的胎胞里发展的生产力，同时又创造着解决这种对抗的物质条件。因此，人类社会的史前时期就以这种社会形态而告终。”①

马克思非常清楚地表述了辩证唯物主义奋斗观，而事实证明：辩证唯物主义奋斗观是富有成效的，而且是至关重要的。

① 《马克思恩格斯选集》第2卷，北京：人民出版社，2012年，第2—3页。

## 第三节　辩证唯物奋斗观

马克思在《1844年经济学哲学手稿》中谈到共产主义奋斗观的本质时说道："共产主义是对私有财产即人的自我异化的积极的扬弃，因而是通过人并且为了人而对人的本质的真正占有；因此，它是人向自身、也就是向社会的即合乎人性的人的复归，这种复归是完全的复归，是自觉实现并在以往发展的全部财富的范围内实现的复归。这种共产主义，作为完成了的自然主义，等于人道主义，而作为完成了的人道主义，等于自然主义，它是人和自然界之间、人和人之间的矛盾的真正解决，是存在和本质、对象化和自我确证、自由和必然、个体和类之间的斗争的真正解决。它是历史之谜的解答，而且知道自己就是这种解答。"

"因此，历史的全部运动，既是这种共产主义的现实的产生活动，即它的经验存在的诞生活动，同时，对它的思维着的意识来说，又是它的被理解和被认识到的生成运动。"①

共产主义奋斗观的本质是辩证唯物奋斗观。异化劳动和私有财产不仅与人类的本质相违背，而且造成了严重的社会对立，资本主义社会尤其是如此。因此，消灭异化劳动和私有财产，不仅是人的本质力量的要求，而且是社会矛盾日益激化的结果。但是，消灭私有财产并不是私有财产的重新分配、平等

① 《马克思恩格斯文集》第1卷，北京：人民出版社，2009年，第185—186页。

占有，因为这不是私有财产的废除，而只不过是一种“普遍的私有权”；也不是向原始状态的、贫穷的、没有需求的人的倒退，而应当是私有财产的“积极的扬弃”。扬弃异化不能像黑格尔那样只靠认识，而必须在实践中解决。共产主义是解决人与自然、人与社会、人与自身矛盾的现实的全面的奋斗方式。

在资本主义生产方式条件下，工人日益贫困化。马克思在《1844年经济学哲学手稿》中谈到劳动时说道：“劳动为富人生产了奇迹般的东西，但是为工人生产了赤贫。劳动生产了宫殿，但是给工人生产了棚舍。劳动生产了美，但是使工人变成畸形。劳动用机器代替了手工劳动，但是使一部分工人回到野蛮的劳动，并使另一部分工人变成机器。劳动生产了智慧，但是给工人生产了愚钝和痴呆。”

“劳动对它的产品的直接关系，是工人对他的生产的对象的关系。有产者对生产对象和生产本身的关系，不过是这前一种关系的结果，而且证实了这一点。对问题的这另一个方面我们将在后面加以考察。因此，当我们问劳动的本质关系是什么的时候，我们问的是工人对生产的关系。”

“以上我们只是从一个方面，就是从工人对他的劳动产品的关系这个方面，考察了工人的异化、外化。但是，异化不仅表现在结果上，而且表现在生产行为中，表现在生产活动本身中。如果工人不是在生产行为本身中使自身异化，那么工人活动的产品怎么会作为相异的东西同工人对立呢？产品不过是活动、生产的总结。因此，如果劳动的产品是外化，那么生产本身必然是能动的外化，活动的外化，外化的活动。在劳动对象的异化中不过总结了劳动活动本身的异化、外化。”

“那么，劳动的外化表现在什么地方呢？”

“首先，劳动对工人来说是外在的东西，也就是说，不属于他的本质；因此，他在自己的劳动中不是肯定自己，而是否定自己，不是感到幸福，而是感到不幸，不是自由地发挥自己的体力和智力，而是使自己的肉体受折磨、精神遭摧残。因此，工人只有在劳动之外才感到自在，而在劳动中则感到不自在，他在不劳动时觉得舒畅，而在劳动时就觉得不舒畅。因此，他的劳动不是自愿的劳动，而是被迫的强制劳动。因此，这种劳动不是满足一种需要，而只是满足劳动以外的那些需要的一种手段。劳动的异己性完全表现在：只要肉体的强制或其他强制一停止，人们就会像逃避瘟疫那样逃避劳动。外在的劳动，人在其中使自己外化的劳动，是一种自我牺牲、自我折磨的劳动。最后，对工人来说，劳动的外在性表现在：这种劳动不是他自己的，而是别人的；劳动不属于他；他在劳动中也不属于他自己，而是属于别人。在宗教中，人的幻想、人的头脑和人的心灵的自主活动对个人发生作用不取决于他个人，就是说，是作为某种异己的活动，神灵的或魔鬼的活动发生作用，同样，工人的活动也不是他的自主活动。他的活动属于别人，这种活动是他自身的丧失。”①

① 《马克思恩格斯文集》第1卷，北京：人民出版社，2009年，第158—160页。

在资本主义生产方式条件下，工人受剥削，日益贫困化，贫困化是不能改变的。马克思在《1844 年经济学哲学手稿》中谈到工人的贫困时总结道："因此，在社会的衰落状态中，工人的贫困日益加剧；在增长的状态中，贫困具有错综复杂的形式；在达到完满的状态中，贫困持续不变。"①

在资本主义生产方式条件下，工人贫困化的根源在于异化劳动。只要劳动的目的仅仅在于增加财富，那么劳动就是有害的、造孽的。在马克思看来，当有产和无产的对立，达到劳动与资本的对立，这时私有财产就处于高度紧张状态，促使矛盾解决。当劳动和资本的对立一达到极限，就必然会成为整个私有财产关系的顶点、最高阶段和灭亡，共产主义就会实现。实现共产主义的条件是异化劳动在其自身发展过程中创造的，自我异化的扬弃与自我异化走着同一条道路，即共产主义是历史运动特别是资本主义自身否定的结果。资本主义生产方式发展的历史趋势为：资本主义必然灭亡，共产主义一定实现。

马克思奋斗观的最高理想是人的全面发展和人类的解放。马克思在《1844 年经济学哲学手稿》中说道："对私有财产的积极的扬弃，就是说，为了人并且通过人对人的本质和人的生命、对象性的人和人的产品的感性的占有，不应当仅仅被理解为直接的、片面的享受，不应当仅仅被理解为占有、拥有。人

① 《马克思恩格斯文集》第 1 卷，北京：人民出版社，2009 年，第 122 页。

以一种全面的方式，就是说，作为一个完整的人，占有自己的全面的本质。人对世界的任何一种人的关系——视觉、听觉、嗅觉、味觉、触觉、思维、直观、情感、愿望、活动、爱——总之，他的个体的一切器官，正像在形式上直接是社会的器官的那些器官一样，是通过自己的对象性关系，即通过自己同对象的关系而对对象的占有，对人的现实的占有；这些器官同对象的关系，是人的现实的实现（因此，正像人的本质规定和活动是多种多样的一样，人的现实也是多种多样的），是人的能动和人的受动，因为按人的方式来理解的受动，是人的一种自我享受。”[①]因此，只有共产主义社会，才能实现对私有财产的积极的扬弃，才能克服劳动异化和其他一切领域里的异化，使人在自由自觉地改造客观世界的劳动中全面地占有人的类本质，实现人应有的全面发展和全面解放。

人的全面发展取决于社会关系的全面发展。只有当社会关系全面发展了，人才能在全面发展的社会关系中通过人们之间普遍的相互交往而获得全面的发展。人的发展的最高目标是实现共产主义社会。共产主义社会消灭了资本主义私有制和社会分工，实现了对异化的积极扬弃，人与人之间没有了剥削和压迫，人的本性得到了复归，人的本质力量得到了实现，这是人的发展的最高理想状态。马克思在《1844 年经济学哲学手稿》中说道：“因此，对私有财产的扬弃，是人的一切感觉和特性的

① 《马克思恩格斯文集》第 1 卷，北京：人民出版社，2009 年，第 189 页。

彻底解放；但这种扬弃之所以是这种解放，正是因为这些感觉和特性无论在主体上还是在客体上都成为人的。眼睛成为人的眼睛，正像眼睛的对象成为社会的、人的、由人并为了人创造出来的对象一样。因此，感觉在自己的实践中直接成为理论家。感觉为了物而同物发生关系，但物本身是对自身和对人的一种对象性的、人的关系，反过来也是这样。当物按人的方式同人发生关系时，我才能在实践上按人的方式同物发生关系。因此，需要和享受失去了自己的利己主义性质，而自然界失去了自己的纯粹的有用性，因为效用成了人的效用。"[①]

马克思在 1846 年 12 月 28 日致帕维尔·瓦西里耶维奇·安年科夫的信中说道："社会——不管其形式如何——是什么呢？是人们交互活动的产物。人们能否自由选择某一社会形式呢？决不能。在人们的生产力发展的一定状况下，就会有一定的交换〔commerce〕和消费形式。在生产、交换和消费发展的一定阶段上，就会有相应的社会制度形式、相应的家庭、等级或阶级组织，一句话，就会有相应的市民社会。有一定的市民社会，就会有不过是市民社会的正式表现的相应的政治国家。"[②]

社会是客观存在的有机整体。社会是人们交往关系的产物，是一切关系同时存在而又互相依存的有机整体，是不以人们意志为转移的客观存在，人们不能自由选择某一社会形式。

---

① 《马克思恩格斯文集》第 1 卷，北京：人民出版社，2009 年，第 190 页。

② 《马克思恩格斯选集》第 4 卷，北京：人民出版社，2012 年，第 408 页。

人们之所以不能自由选择某一社会形式，是因为一定的社会关系归根到底是由生产力发展的一定状况决定的，一定的生产关系一经形成就具有不以人们的意志为转移的客观性质。生产力的发展在社会中所具有的归根到底的决定作用，表现在两个方面：第一，物质生产力发展的一定状况，决定了与之相适应的生产关系、相应的社会经济结构，即经济基础；第二，由一定的生产力发展状况所决定的社会经济基础，决定了与之相适应的上层建筑。因此，生产力决定生产关系并最终决定一切社会关系、决定社会发展。

马克思在写于 1851 年 12 月中至 1852 年 3 月 25 日的《路易·波拿巴的雾月十八日》一书中，运用唯物史观阐述了当时法国的社会结构和阶级斗争状况，评述了路易·波拿巴政变的原因、过程和结局，并通过对历史事件的生动描述和精辟分析，揭示了历史运动的规律，阐述了评价历史事件和历史人物的科学方法。马克思说道："在不同的财产形式上，在社会生存条件上，耸立着由各种不同的表现独特的情感、幻想、思想方式和人生观构成的整个上层建筑。整个阶级在其物质条件和相应的社会关系的基础上创造和构成这一切。通过传统和教育承受了这些情感和观点的个人，会以为这些情感和观点就是他的行为的真实动机和出发点。"①

现实是一个非常复杂的变动的领域，而在现实这个领域

① 《马克思恩格斯选集》第 1 卷，北京：人民出版社，2012 年，第 695 页。

中，经济力量最终显现出作为组织性元素的性质。

马克思在《政治经济学批判（1857—1858年手稿）》中谈到人的发展的基本状态时说道："每个个人以物的形式占有社会权力。如果从物那里夺去这种社会权力，那么你们就必然赋予人以支配人的这种权力。人的依赖关系（起初完全是自然发生的），是最初的社会形式，在这种形式下，人的生产能力只是在狭小的范围内和孤立的地点上发展着。以物的依赖性为基础的人的独立性，是第二大形式，在这种形式下，才形成普遍的社会物质变换、全面的关系、多方面的需要以及全面的能力的体系。建立在个人全面发展和他们共同的、社会的生产能力成为从属于他们的社会财富这一基础上的自由个性，是第三个阶段。第二个阶段为第三个阶段创造条件。因此，家长制的，古代的（以及封建的）状态随着商业、奢侈、货币、交换价值的发展而没落下去，现代社会则随着这些东西同步发展起来。"①

马克思在《政治经济学批判（1857—1858年手稿）》中说道："古代的观点和现代世界相比，就显得崇高得多，根据古代的观点，人，不管是处在怎样狭隘的民族的、宗教的、政治的规定上，总是表现为生产的目的，在现代世界，生产表现为人的目的，而财富则表现为生产的目的。事实上，如果抛掉狭隘的资产阶级形式，那么，财富不就是在普遍交换中产生的个人

① 《马克思恩格斯文集》第8卷，北京：人民出版社，2009年，第52页。

的需要、才能、享用、生产力等等的普遍性吗？财富不就是人对自然力——既是通常所谓的‘自然’力，又是人本身的自然力——的统治的充分发展吗？财富不就是人的创造天赋的绝对发挥吗？这种发挥，除了先前的历史发展之外没有任何其他前提，而先前的历史发展使这种全面的发展，即不以旧有的尺度来衡量的人类全部力量的全面发展成为目的本身。在这里，人不是在某一种规定性上再生产自己，而是生产出他的全面性；不是力求停留在某种已经变成的东西上，而是处在变易的绝对运动之中。”

“在资产阶级经济以及与之相适应的生产时代中，人的内在本质的这种充分发挥，表现为完全的空虚化；这种普遍的对象化过程，表现为全面的异化，而一切既定的片面目的的废弃，则表现为为了某种纯粹外在的目的而牺牲自己的目的本身。因此，一方面，稚气的古代世界显得较为崇高。另一方面，古代世界在人们力图寻求闭锁的形态、形式以及寻求既定的限制的一切方面，确实较为崇高。古代世界是从狭隘的观点来看的满足，而现代则不给予满足；换句话说，凡是现代表现为自我满足的地方，它就是鄙俗的。”①

生产力是人类历史发展的决定力量。人的发展需要是推动人类历史发展的根本动力。马克思在《政治经济学批判（1857—1858年手稿）》中说道：“资本把财富本身的生产，从

①《马克思恩格斯文集》第8卷，北京：人民出版社，2009年，第137—138页。

而也把生产力的全面的发展，把自己的现有前提的不断变革，设定为它自己再生产的前提。价值并不排斥使用价值，因而不把特殊种类的消费等等，特殊种类的交往等等，当做绝对条件包括进来；同样，社会生产力、交往、知识等等的任何发展程度，对资本来说都只是表现为它力求加以克服的限制。它的前提本身——价值——表现为产品，而不是表现为凌驾于生产之上的更高的前提。资本的限制就在于：这一切发展都是对立地进行的，生产力，一般财富等等，知识等等的创造，表现为从事劳动的个人本身的外化；他不是把他自己创造出来的东西当做他自己的财富的条件，而是当做他人财富和自身贫穷的条件。但是这种对立的形式本身是暂时的，它产生出消灭它自身的现实条件。”

“结果就是：生产力——财富一般——从趋势和可能性来看的普遍发展成了基础，同样，交往的普遍性，从而世界市场成了基础。这种基础是个人全面发展的可能性，而个人从这个基础出发的实际发展是对这一发展的限制的不断扬弃，这种限制被意识到是限制，而不是被当做神圣的界限。个人的全面性不是想象的或设想的全面性，而是他的现实联系和观念联系的全面性。由此而来的是把他自己的历史作为过程来理解，把对自然界的认识（这也作为支配自然界的实践力量而存在着）当做对他自己的现实躯体的认识。发展过程本身被设定为并且被意识到是这个过程的前提。但是，要达到这点，首先必须使生产力的充分发展成为生产条件，不是使一定的生产条件表现为生产力发展的界限。”①

## 第四节 小 结

马克思奋斗观是马克思主义整体中一个不可或缺的重要方面。马克思在创立马克思主义奋斗观方面起了决定性作用。马克思奋斗观无疑是具有开创性意义的。马克思奋斗观在今天看来仍然具有很强的指导意义。马克思奋斗观为人们的认识活动和实践活动奠定了重要的基础，同时也提供了广阔的发展空间。很显然，马克思奋斗观来源于实践，反过来又指导实践的主体——无产阶级为自己赢得解放而进行的实践斗争。马克思奋斗观是科学社会主义和工人运动相结合的产物。马克思奋斗观致力于把科学理论与工人运动结合起来。《共产党宣言》的发表，标志着马克思奋斗观的诞生。可见，没有无产阶级的革命运动，就不可能有马克思奋斗观。马克思奋斗观是致力于无产阶级的共产主义革命运动的。马克思奋斗观是同人们的革命实践活动密切相关的，是对工人运动和无产阶级革命斗争经验的科学总结。马克思奋斗观是随实践的发展而发展的。生动的生活实际和丰富的社会实践，不仅是马克思奋斗观孕育和形成的基础，也是推动马克思奋斗观发展的原动力。马克思奋斗观的生命力，在于马克思奋斗

① 《马克思恩格斯文集》第8卷，北京：人民出版社，2009年，第171—172页。

观始终是面向实际的。马克思奋斗观同实际结合得越紧密，就越能向前发展。马克思奋斗观来自实践，服务实践，指导实践，并在实践中不断发展。

马克思奋斗观是为人民群众的革命斗争服务的。马克思奋斗观为无产阶级斗争指明了方向和道路。马克思奋斗观给社会主义运动奠定了科学基础。马克思奋斗观具有严密的科学性。马克思奋斗观有极强的革命性。马克思奋斗观是指导无产阶级革命斗争的理论，是无产阶级的意识形态。同时，马克思奋斗观又是科学真理，是严整的科学体系。革命性和科学性在马克思奋斗观中是高度一致的。科学性和革命性的高度一致是马克思奋斗观所固有的基本特征。马克思奋斗观因为是真理，所以能在前进之中不断排除障碍，为自己开拓前进的道路。马克思奋斗观是动员和组织无产阶级进行斗争的学说。斗争性是马克思奋斗观的一个固有的特性。

马克思奋斗观实现了奋斗观史上的伟大革命，奠定了马克思主义奋斗观的基石，为工人运动的发展提供了科学的思想指南。马克思奋斗观在奋斗观史上第一次将奋斗观置于辩证唯物主义的基础之上，揭示了马克思主义奋斗观是辩证唯物主义奋斗观。马克思奋斗观的创立，标志着马克思主义奋斗观的诞生。马克思奋斗观在整个马克思主义奋斗观体系中具有开创性的意义，马克思奋斗观是马克思主义奋斗观的起点和基石。马克思是马克思主义奋斗观的奠基人。马克思奋斗观适应了工人阶级反对资产阶级斗争的需要。马克思奋斗观既同唯心主义奋斗观划清了界限，又同形而上学唯物主义奋斗观划清了界限。马克思奋斗观推动了国际工人运动的发展。马克思奋斗观引起了整个世界的巨大变革，震撼了整个世界，极大地影响了整个人类历史的发展进程。马克思奋斗观具有现实指导意义。

# 第十四章　恩格斯奋斗观

恩格斯是无产阶级革命导师，马克思主义创始人之一，马克思的亲密战友。马克思主义是马克思和恩格斯创立的科学理论体系，工人阶级及其政党的世界观和指导思想。恩格斯奋斗观是马克思主义的重要组成部分，也是无产阶级革命运动的重要组成部分。恩格斯奋斗观是马克思主义的不可缺少的组成部分。

## 第一节　唯物辩证奋斗观

恩格斯在写于1872年10月至1873年3月的《论权威》一文中阐明了在社会生产和社会活动中确立和维护权威的必要性。恩格斯说道："我们只要考察一下作为现代资产阶级社会基础的那些经济关系，即工业关系和农业关系，就会发现，它们有一种使各个孤立的活动越来越为人们的联合活动所代替的趋势。代替各个孤立的生产者的小作坊的，是拥有庞大工厂的现代工业，在这种工厂中有数百个工人照管着由蒸汽推动的复杂机器；大路上的客运马车和货运马车已被铁路上的火车所代替，小型划桨船和帆船已被轮船所代替。甚至在农业中，机器和蒸汽也越来越占统治地位，它们正缓慢地但却一贯地使那些靠雇佣工人耕作大片土地的大资本家来代替小自耕农。联合活动、互相依赖的工作过程的错综复杂化，正在到处取代各个人的独立活动。但是，联合活动就是组织起来,而没有权威能够组织起来吗?”

“我们假定，社会革命推翻了现在以自己的权威支配财富的生产和流通的资本家。我们再完全按照反权威主义者的观点来假定，土地和劳动工具都成了那些使用它们的工人的集体财产。在这种情况下，权威将会消失呢，还是只会改变自己的形式？我们就来看一看。”

“就拿棉纺厂作例子吧。棉花至少要经过六道连续工序才会成为棉纱，并且这些工序大部分是在不同的车间进行的。其次，为了使机器不断运转，就需要工程师照管蒸汽机，需要机械师进行日常检修，需要许多粗工把产品由一个车间搬到另一个车间等等。所有这些劳动者——男人、女人和儿童——都被迫按照那根本不管什么个人自治的蒸汽权威所确定的钟点开始和停止工作。所以，劳动者们首先必须就工作时间取得一致；而工作时间一经确定，大家就要毫无例外地一律遵守。其次，在每个车间里，时时都会发生有关生产过程、材料分配等的细节问题，要求马上解决，否则整个生产就会立刻停顿下来。不管这些问题是怎样解决的，是根据领导各劳动部门的代表的决定来解决的呢，还是在可能情况下用多数表决的办法来解决，个别人的意志总是要表示服从，这就是说，问题是靠权威来解决的。大工厂里的自动机器，比雇用工人的任何小资本家要专制得多。至少就工作时间而言，可以在这些工厂的大门上写上这样一句话：进门者请放弃一切自治！如果说人靠科学和创造性天才征服了自然力，那么自然力也对人进行报复，按人利用自然力的程度使人服从一种真正的专制，而不管社会组织怎样。想消灭大工业中的权威，就等于想消灭工业本身，即想消灭蒸汽纺纱机而恢复手纺车。”

“再拿铁路作例子。这里，无数人的协作也是绝对必要的；为了避免不幸事故，这种协作必须依照准确规定的时间来进行。在这里，运转的首要条件也是要有一个能处理一切所管辖问题的起支配作用的意志，不论体现这个意志的是一个代表，还是一个受托执行有关的大多数人的决议的委员会，都是一样。不论在哪一种场合，都要碰到一个显而易见的权威。不仅如此，假如铁路员工对乘客先生们的权威被取消了，那么，随后开出的列车会发生什么事情呢？”

“但是，能最清楚地说明需要权威，而且是需要专断的权威的，要算是在汪洋大海上航行的船了。那里，在危急关头，大家的生命能否得救，就要看所有的人能否立即绝对服从一个人的意志。”①

权威是社会发展的客观需要。权威不是人为地按照谁的主观意志随意确立的，而是社会发展的客观要求，是社会发展的一个客观存在的环节，是社会化大生产中的联合行动和正常的社会生活所不可缺少的，是社会发展须臾不可或缺的。

恩格斯在《论权威》一文中又说道：“革命无疑是天下最权威的东西。革命就是一部分人用枪杆、刺刀、大炮，即用非常权威的手段强迫另一部分人接受自己的意志。获得胜利的政党如果不愿意失去自己努力争得的成果，就必须凭借它以武器对反动派造成的恐惧，来维持自己的统治。要是巴黎公社面对资产者没有运用武装人民这个权威，它能支持哪怕一天吗？反过来说，难道我们没有理由责备公社把这个权威用得太少了吗？”②

在阶级社会里，政治权威总是同一定社会阶级的利益相联系的。为了推翻资产阶级专政，建立无产阶级专政，就需要革命的权威。巴黎公社遭到失败，就是由于缺乏权威。权威的应用范围是随着社会发展阶段的不同而改变的。国家消亡了，政治权威就不再存在了，而经济权威则仍然要继续存在下去。因此，肯定了权威，实际上就肯定了社会的发展；如果否定了权威，实际上就否定了社会的发展。

① 《马克思恩格斯选集》第3卷，北京：人民出版社，2012年，第274—276页。
② 《马克思恩格斯选集》第3卷，北京：人民出版社，2012年，第277页。

恩格斯在《反杜林论（欧根·杜林先生在科学中实行的变革）》一书中阐明了科学社会主义产生的经济、政治和思想条件，揭示了资本主义的基本矛盾即社会化生产与资本主义私人占有之间的矛盾，并根据对这一矛盾的分析论证了资本主义为共产主义所取代的历史必然性。恩格斯说道："社会力量完全像自然力一样，在我们还没有认识和考虑到它们的时候，起着盲目的、强制的和破坏的作用。但是，一旦我们认识了它们，理解了它们的活动、方向和作用，那么，要使它们越来越服从我们的意志并利用它们来达到我们的目的，就完全取决于我们了。这一点特别适用于今天的强大的生产力。只要我们固执地拒绝理解这种生产力的本性和性质（而资本主义生产方式及其辩护士正是抗拒这种理解的），它就总是像上面所详细叙述的那样，起违反我们、反对我们的作用，把我们置于它的统治之下。但是，它的本性一旦被理解，它就会在联合起来的生产者手中从魔鬼似的统治者变成顺从的奴仆。这里的区别正像雷电中的电的破坏力同电报机和弧光灯的被驯服的电之间的区别一样，正像火灾同供人使用的火之间的区别一样。当人们按照今天的生产力终于被认识了的本性来对待这种生产力的时候，社会的生产无政府状态就让位于按照社会总体和每个成员的需要对生产进行的社会的有计划的调节。那时，资本主义的占有方式，即产品起初奴役生产者而后又奴役占有者的占有方式，就让位于那种以现代生产资料的本性为基础的产品占有方式：一方面由社会直接占有，作为维持和扩大生产的资料；另一方面由个人直接占有，作为生活资料和享受资料。”①

恩格斯在《反杜林论（欧根·杜林先生在科学中实行的变革）》一书中，在揭示由资本主义向共产主义过渡的规律性时，科学地预言了未来共产主义社会的基本特征。恩格斯说道：“一旦社会占有了生产资料，商品生产就将被消除，而产品对生产者的统治也将随之消除。社会生产内部的无政府状态将为有计划的自觉的组织所代替。个体生存斗争停止了。于是，人在一定意义上才最终地脱离了动物界，从动物的生存条件进入真正人的生存条件。人们周围的、至今统治着人们的生活条件，现在受人们的支配和控制，人们第一次成为自然界的自觉的和真正的主人，因为他们已经成为自身的社会结合的主人了。人们自己的社会行动的规律，这些一直作为异己的、支配着人们的自然规律而同人们相对立的规律，那时就将被人们熟练地运用，因而将听从人们的支配。人们自身的社会结合一直是作为自然界和历史强加于他们的东西而同他们相对立的，现在则变成他们自己的自由行动了。至今一直统治着历史的客观的异己的力量，现在处于人们自己的控制之下了。只是从这时起，人们才完全自觉地自己创造自己的历史；只是从这时起，由人们使之起作用的社会原因才大部分并且越来越多地达到他们所预期的结果。这是人类从必然王国进入自由王国的飞跃。”

“完成这一解放世界的事业，是现代无产阶级的历史使命。

---

① 《马克思恩格斯选集》第3卷，北京：人民出版社，2012年，第667页。

深入考察这一事业的历史条件以及这一事业的性质本身，从而使负有使命完成这一事业的今天受压迫的阶级认识到自己的行动的条件和性质，这就是无产阶级运动的理论表现即科学社会主义的任务。”①

1845年2月8日，恩格斯在爱北斐特的演说中谈到共产主义社会时说道：“在共产主义社会里，人和人的利益并不是彼此对立的，而是一致的，因而竞争就消失了。当然也就谈不到个别阶级的破产，更谈不到像现在那样的富人和穷人的阶级了。在生产和分配必要的生活资料的时候，就不会再发生私人占有的情形，每一个人都不必再单枪匹马地冒着风险企求发财致富，同样也就自然而然地不会再有商业危机了。在共产主义社会里无论生产和消费都很容易估计。既然知道每一个人平均需要多少物品，那就容易算出一定数量的人需要多少物品；既然那时生产已经不掌握在个别私人企业主的手里，而是掌握在公社及其管理机构的手里，那也就不难按照需求来调节生产了。”

“这样，我们看到，在共产主义的组织里，现代社会制度的主要缺陷就会消除。”②

共产主义社会是人类最理想的社会制度。共产主义社会在发展上分两个阶段：社会主义社会是共产主义社会的低级阶段，共产主义社会是共产主义社会的高级阶段。通常所说的共产主义社会，指共产主义社会的高级阶段。在共产主义社会的

---

① 《马克思恩格斯选集》第3卷，北京：人民出版社，2012年，第671页。

② 《马克思恩格斯全集》第2卷，北京：人民出版社，1957年，第605页。

高级阶段，生产力高度发展，社会产品极大丰富，人们具有高度的思想觉悟，劳动成为生活的第一需要，消灭了社会主义国家中存在的工农之间、城乡之间、脑力劳动和体力劳动之间的三大差别，实行共产主义公有制，分配原则是“各尽所能，按需分配”。社会主义社会和共产主义社会的生产关系都建立在生产资料公有制的基础上。但由于生产力发展水平不同，社会主义社会实行“各尽所能，按劳分配”，共产主义社会则实行“各尽所能，按需分配”。

马克思在写于 1875 年 4 月底至 5 月 7 日的《哥达纲领批判》一书中说道：“在共产主义社会高级阶段，在迫使个人奴隶般地服从分工的情形已经消失，从而脑力劳动和体力劳动的对立也随之消失之后；在劳动已经不仅仅是谋生的手段，而且本身成了生活的第一需要之后；在随着个人的全面发展，他们的生产力也增长起来，而集体财富的一切源泉都充分涌流之后，——只有在那个时候，才能完全超出资产阶级权利的狭隘眼界，社会才能在自己的旗帜上写上：各尽所能，按需分配！”①

## 第二节　辩证唯物奋斗观

人要奋斗，就要尊重自然规律和社会规律，否则，终将受到自然规律和社会规律的报复和惩罚。恩格斯早就警告过人

① 《马克思恩格斯选集》第 3 卷，北京：人民出版社，2012 年，第 364—365 页。

们，自然和社会是会报复和惩罚的。

恩格斯在《劳动在从猿到人的转变中的作用》一文中谈到自然界和社会时说道："我们不要过分陶醉于我们人类对自然界的胜利。对于每一次这样的胜利，自然界都对我们进行报复。每一次胜利，起初确实取得了我们预期的结果，但是往后和再往后却发生完全不同的、出乎预料的影响，常常把最初的结果又消除了。美索不达米亚、希腊、小亚细亚以及其他各地的居民，为了得到耕地，毁灭了森林，但是他们做梦也想不到，这些地方今天竟因此而成为不毛之地，因为他们使这些地方失去了森林，也就失去了水分的积聚中心和贮藏库。阿尔卑斯山的意大利人，当他们在山南坡把那些在山北坡得到精心保护的枞树林砍光用尽时，没有预料到，这样一来，他们就把本地区的高山畜牧业的根基毁掉了；他们更没有预料到，他们这样做，竟使山泉在一年中的大部分时间内枯竭了，同时在雨季又使更加凶猛的洪水倾泻到平原上。在欧洲推广马铃薯的人，并不知道他们在推广这种含粉块茎的同时也使瘰疬症传播开来了。因此我们每走一步都要记住：我们决不像征服者统治异族人那样支配自然界，决不像站在自然界之外的人似的去支配自然界——相反，我们连同我们的肉、血和头脑都是属于自然界和存在于自然界之中的；我们对自然界的整个支配作用，就在于我们比其他一切生物强，能够认识和正确运用自然规律。"

"事实上，我们一天天地学会更正确地去理解自然规律，学会认识我们对自然界习常过程的干预所造成的较近或较远的后果。特别自本世纪自然科学大踏步前进以来，我们越来越有可能学会认识并从而控制那些至少是由我们的最常见的生产行为所造成的较远的自然后果。而这种事情发生得越多，人们就越是不仅再次地感觉到，而且也认识到自身和自然界的一体性，那种关于精神和物质、人类和自然、灵魂和肉体之间的对立的荒谬的、反自然的观点，也就越不可能成立了，这种观点自古典古代衰落以后出现在欧洲并在基督教中得到最高度的发展。”

“但是，如果说我们需要经过几千年的劳动才多少学会估计我们的生产行为在自然方面的较远的影响，那么我们想学会预见这些行为在社会方面的较远的影响就更加困难得多了。我们曾提到过马铃薯以及随之而来的瘰疬症的蔓延。但是，同工人降低到以马铃薯为生这一事实对各国人民大众的生活状况所带来的影响比起来，同1847年爱尔兰因马铃薯遭受病害而发生的大饥荒比起来，瘰疬症又算得了什么呢?在这次饥荒中，有100万吃马铃薯或差不多专吃马铃薯的爱尔兰人进了坟墓，并有200万人逃亡海外。当阿拉伯人学会蒸馏酒精的时候，他们做梦也想不到，他们由此而制造出来的东西成了使当时还没有被发现的美洲的土著居民灭绝的主要工具之一。以后，当哥伦布发现美洲的时候，他也不知道，他因此复活了在欧洲早已被抛弃的奴隶制度，并奠定了贩卖黑奴的基础。17世纪和18世纪从事制造蒸汽机的人们也没有料到，他们所制作的工具，比其他任何东西都更能使全世界的社会状态发生革命，特别是在欧洲，由于财富集中在少数人一边，而另一边的绝大多数人则一无所有，起初使得资产阶级赢得社会的和政治的统治，尔后使资产阶级和无产阶级之间发生阶级斗争，而这一阶级斗争的结局只能是资产阶级的垮台和一切阶级对立的消灭。但是，就是在这一领域中，我们也经过长期的、往往是痛苦的经验，经过对历史材料的比较和研究，渐渐学会了认清我们的生产活动在社会方面的间接的、较远的影响，从而有可能去控制和调节这些影响。”

“但是要实行这种调节，仅仅有认识还是不够的。为此需要对我们的直到目前为止的生产方式，以及同这种生产方式一起对我们的现今的整个社会制度实行完全的变革。”①

奋斗是一个过程。恩格斯在写于 1886 年 1 月至 2 月初的《路德维希·费尔巴哈和德国古典哲学的终结》一书中说道：“一个伟大的基本思想，即认为世界不是既成事物的集合体，而是过程的集合体，其中各个似乎稳定的事物同它们在我们头脑中的思想映象即概念一样都处在生成和灭亡的不断变化中，在这种变化中，尽管有种种表面的偶然性，尽管有种种暂时的倒退，前进的发展终究会实现——这个伟大的基本思想，特别是从黑格尔以来，已经成了一般人的意识，以致它在这种一般形式中未必会遭到反对了。但是，口头上承认这个思想是一回事，实际上把这个思想分别运用于每一个研究领域，又是一回

① 《马克思恩格斯选集》第 3 卷，北京：人民出版社，2012 年，第 998—1000 页。

事。如果人们在研究工作中始终从这个观点出发，那么关于最终解决和永恒真理的要求就永远不会提出了；人们就始终会意识到他们所获得的一切知识必然具有的局限性，意识到他们在获得知识时所处的环境对这些知识的制约性；人们对于还在不断流行的旧形而上学所不能克服的对立，即真理和谬误、善和恶、同一和差别、必然和偶然之间的对立也不再敬畏了；人们知道，这些对立只有相对的意义，今天被认为是合乎真理的认识都有它隐蔽着的、以后会显露出来的错误的方面，同样，今天已经被认为是错误的认识也有它合乎真理的方面，因而它从前才能被认为是合乎真理的；被断定为必然的东西，是由纯粹的偶然性构成的，而所谓偶然的东西，是一种有必然性隐藏在里面的形式，如此等等。”

“旧的研究方法和思维方法，黑格尔称之为‘形而上学的’方法，主要是把事物当做一成不变的东西去研究，它的残余还牢牢地盘踞在人们的头脑中，这种方法在当时是有重大的历史根据的。必须先研究事物，尔后才能研究过程。必须先知道一个事物是什么，尔后才能觉察这个事物中所发生的变化。自然科学中的情形正是这样。认为事物是既成的东西的旧形而上学，是从那种把非生物和生物当做既成事物来研究的自然科学中产生的。而当这种研究已经进展到可以向前迈出决定性的一步，即可以过渡到系统地研究这些事物在自然界本身中所发生的变化的时候，在哲学领域内也就响起了旧形而上学的丧钟。事实上，直到上一世纪末，自然科学主要是搜集材料的科学，关于既成事物的科学，但是在本世纪，自然科学本质上是整理材料的科学，是关于过程、关于这些事物的发生和发展以及关于联系——把这些自然过程结合为一个大的整体——的科学。研究植物机体和动物机体中的过程的生理学，研究单个机体从胚胎到成熟的发育过程的胚胎学，研究地壳逐渐形成过程的地质学，所有这些科学都是我们这个世纪的产儿。”

“但是，首先是三大发现使我们对自然过程的相互联系的认识大踏步地前进了：第一是发现了细胞，发现细胞是这样一种单位，整个植物体和动物体都是从它的繁殖和分化中发育起来的。这一发现，不仅使我们知道一切高等有机体都是按照一个共同规律发育和生长的，而且使我们通过细胞的变异能力看出有机体能改变自己的物种从而能完成比个体发育更高的发育的道路。——第二是能量转化，它向我们表明了一切首先在无机界中起作用的所谓力，即机械力及其补充，所谓位能、热、辐射（光或辐射热）、电、磁、化学能，都是普遍运动的各种表现形式，这些运动形式按照一定的度量关系由一种转变为另一种，因此，当一种形式的量消失时，就有另一种形式的一定的量代之出现，因此，自然界中的一切运动都可以归结为一种形式向另一种形式不断转化的过程。——最后，达尔文第一次从联系中证明，今天存在于我们周围的有机自然物，包括人在内，都是少数原始单细胞胚胎的长期发育过程的产物，而这些胚胎又是由那些通过化学途径产生的原生质或蛋白质形成的。”

“由于这三大发现和自然科学的其他巨大进步，我们现在不仅能够说明自然界中各个领域内的过程之间的联系，而且总的说来也能说明各个领域之间的联系了，这样，我们就能够依靠经验自然科学本身所提供的事实，以近乎系统的形式描绘出一幅自然界联系的清晰图画。”①

整个自然界、社会历史和人类思维是一个不断发展的过程。世界上的一切事物及其思想映象即观念，都处在永恒的发展的过程中。没有什么最终的、绝对的和神圣的东西，只有事物的发生和消灭、无止境地由低级上升到高级的不断发展的过程。没有最终的绝对真理和人类绝对状态。永恒不变的尽善尽美的社会和国家是不存在的。世界的发展终究会实现。在 18 世纪末以前，自然科学主要是搜集材料的科学，把自然界当作既成不变的事物进行孤立的研究，因此形而上学方法在这时有其历史根据。但是到了 19 世纪，当自然科学进入到整理材料的阶段，由于自然科学本身的发展，可以过渡到把各种自然过程作为有机的整体来研究，系统地考察事物的发展的时候，这就在哲学领域内敲响了旧形而上学的丧钟。自然科学的巨大成就，特别是细胞、能量转化和达尔文进化论等三大发现，证明世界是一个统一的物质世界，自然界的各个领域是相互联系的和由低级到高级发展的。自然科学的巨大进步，不仅能够发现自然界个别领域内的各种过程的联系，而且能够把这些个别领域综合在一个总的联系之中。

① 《马克思恩格斯选集》第 4 卷，北京：人民出版社，2012 年，第 250—252 页。

恩格斯在1890年9月21—22日致约瑟夫·布洛赫（Joseph Bloch，1871—1936年）的信中全面系统地阐明了在历史发展中经济因素和上层建筑各种因素之间的辩证关系，科学地阐明了客观规律与个人意志之间的辩证关系。恩格斯写道："根据唯物史观，历史过程中的决定性因素归根到底是现实生活的生产和再生产。无论马克思或我都从来没有肯定过比这更多的东西。如果有人在这里加以歪曲，说经济因素是唯一决定性的因素，那么他就是把这个命题变成毫无内容的、抽象的、荒诞无稽的空话。经济状况是基础，但是对历史斗争的进程发生影响并且在许多情况下主要是决定着这一斗争的形式的，还有上层建筑的各种因素：阶级斗争的各种政治形式及其成果——由胜利了的阶级在获胜以后确立的宪法等等，各种法的形式以及所有这些实际斗争在参加者头脑中的反映，政治的、法律的和哲学的理论，宗教的观点以及它们向教义体系的进一步发展。这里表现出这一切因素间的相互作用，而在这种相互作用中归根到底是经济运动作为必然的东西通过无穷无尽的偶然事件（即这样一些事物和事变，它们的内部联系是如此疏远或者是如此难于确定，以致我们可以认为这种联系并不存在，忘掉这种联系）向前发展。否则把理论应用于任何历史时期，就会比解一个简单的一次方程式更容易了。"

"我们自己创造着我们的历史，但是第一，我们是在十分确定的前提和条件下创造的。其中经济的前提和条件归根到底是决定性的。但是政治等等的前提和条件，甚至那些萦回于人们头脑中的传统，也起着一定的作用，虽然不是决定性的作用。普鲁士国家也是由于历史的、归根到底是经济的原因而产生出来和发展起来的。但是，恐怕只有书呆子才会断定，在北德意志的许多小邦中，勃兰登堡成为一个体现了北部和南部之间的经济差异、语言差异，而自宗教改革①以来也体现了宗教差异的强国，这只是由经济的必然性决定的，而不是也由其他因素所决定的（在这里首先起作用的是这样一个情况：勃兰登堡由于掌握了普鲁士而卷入了波兰事件，并因而卷入了国际政治关系，这种关系在奥地利王室权力的形成过程中也起过决定性的作用）。要从经济上说明每一个德意志小邦的过去和现在的存在，或者要从经济上说明那种把苏台德山脉至陶努斯山所形成的地理划分扩大成为贯穿全德意志的真正裂痕的高地德语音变的起源，那么，很难不闹出笑话来。”

“但是第二，历史是这样创造的：最终的结果总是从许多单个的意志的相互冲突中产生出来的，而其中每一个意志，又是由于许多特殊的生活条件，才成为它所成为的那样。这样就有无数互相交错的力量，有无数个力的平行四边形，由此就产生出一个合力，即历史结果，而这个结果又可以看做一个作为整体的、不自觉地和不自主地起着作用的力量的产物。因为任何

① 指16世纪德国新教创始人马丁·路德领导的要求摆脱教皇控制、改革封建关系的宗教改革运动。1517年10月31日，路德在维滕贝格教堂门前张贴了《九十五条论纲》，抗议教皇滥用特权、派教廷大员以敛财为目的向各地教徒兜售赎罪券，并要求对此展开辩论。随着《九十五条论纲》的传播，德国和欧洲各地掀起了宗教改革运动。——引者注

一个人的愿望都会受到任何另一个人的妨碍，而最后出现的结果就是谁都没有希望过的事物。所以到目前为止的历史总是像一种自然过程一样地进行，而且实质上也是服从于同一运动规律的。但是，各个人的意志——其中的每一个都希望得到他的体质和外部的、归根到底是经济的情况（或是他个人的，或是一般社会性的）使他向往的东西——虽然都达不到自己的愿望，而是融合为一个总的平均数，一个总的合力，然而从这一事实中决不应作出结论说，这些意志等于零。相反，每个意志都对合力有所贡献，因而是包括在这个合力里面的。”[①]

物质生活资料的生产方式是历史发展的决定因素，人类社会的存在和发展归根到底是由经济原因决定的，经济因素在人类历史发展中最终起决定作用。决定人类历史发展的不光是经济因素，还有上层建筑的各种因素。上层建筑各种因素的作用主要表现为：一是上层建筑各种因素对人类历史发展的进程发生影响。也就是说，对人类历史发展的进程可以起加速作用或延缓作用。二是上层建筑各种因素可以决定人类历史发展的具体形式。也就是说，人类历史发展的具体形式是政治的还是宗教的、是和平的还是武装的，政权的具体组织形式是君主的还是共和的，在许多情况下是由上层建筑各种因素直接决定的。

上层建筑各种因素的决定作用，可以影响人类历史发展的进程，但不能决定人类历史发展的基本方向和趋势，可以决定

① 《马克思恩格斯选集》第4卷，北京：人民出版社，2012年，第604—606页。

人类历史发展的形式，但不能决定人类历史发展的内容。因此，不管上层建筑各种因素的作用有多大，仍然属于反作用的范畴。上层建筑的产生和变革是由经济基础的需要和变更决定的。经济基础对上层建筑具有决定作用，而上层建筑对经济基础又有反作用。

经济基础与上层建筑的关系是辩证关系。第一，经济状况、现实生活的生产和再生产是第一性的，是社会历史发展的基础，对社会历史的发展起着决定性的作用。第二，上层建筑的各种因素是第二性的，上层建筑的各种因素的性质、状况、变化和发展归根到底是由经济基础决定的。但是，上层建筑的各种因素一旦产生出来，就有着自身的特殊发展规律和特点，并能决定社会历史发展的特点或特殊形式。这种决定作用比起经济基础的决定作用当然是次要的，但也是不可忽视的。第三，经济状况和上层建筑之间、上层建筑的各种因素之间的交互作用，影响社会历史的发展，而其中归根到底是经济必然性起主要的决定性的作用。

人类历史发展中的一切因素是交互作用的。人类历史的发展是一个复杂的运动过程，是在一切因素的交互作用中进行的。一切因素的交互作用，既包括经济因素与上层建筑各种因素之间的相互作用，也包括上层建筑各种因素之间的相互作用。在这种相互作用中，虽然经济因素最终起决定作用，但并不是只有经济因素才是积极的因素，而其他一切都是消极的结果。经济运动作为支配人类历史发展的必然性，是通过大量的偶然现象表现出来的，并通过无数偶然事件为自己开辟前进的道路。

人们的奋斗活动是有十分确定的前提和条件的。人们是自己奋斗的，人是社会历史发展的主体，没有人们的活动，就不会有人们的历史发展。人们的历史发展不是随心所欲的，不是在自己选定的前提和条件下进行的，而是在直接碰到的、既定的、从过去继承下来的前提和条件下进行的。在这些前提和条件中，不仅有归根到底起决定作用的经济因素，还有政治等的因素，甚至各种传统的因素也起着一定的作用。

人类历史发展是通过无数单个的意志形成一个总的合力而实现的。人类历史的发展是由许多单个人的意志和愿望相互作用的结果，但这些意志和愿望的根源在于人们所处的特殊的生活条件。人类历史的发展活动，就像无数个力的平行四边形融合成一个总的合力，即人类历史发展的结果。合力不是各种力量的简单相加，而是各种力量在相互冲突、相互牵制、相互抵消中产生的结果，是各种力量在交互作用中融合成的平均数。每个人都对合力有所贡献，但任何个人的意志都不能决定人类历史发展的命运，人类历史的进步是不以人们的意志为转移的，人类历史的发展有着自己固有的客观规律性。人类历史发展的总的合力及其趋势，归根到底是受经济运动的必然性支配的。

在人类历史发展中客观规律和个人意志的关系是辩证关系。一方面，人类历史的发展离不开有目的、有意识的个人的活动，许多人的意志和愿望形成无数交错的力量，从这些力量的交互作用中产生出人类历史发展的结果；另一方面，每个人的意志和愿望又不是凭空产生的，每个人的意志和愿望根源于人们所处的特殊的生活条件，人的奋斗活动受客观规律的支配，在人类历史发展背后最终起决定作用的是经济运动的必然性。恩格斯肯定了经济在奋斗中居于首要地位的原则。

## 第三节　小　　结

恩格斯奋斗观是马克思主义整体中一个不可或缺的重要方面。在建立马克思主义奋斗观这座庄严雄伟的大厦中，恩格斯也曾铺下了不少巨石。恩格斯奋斗观表现为相互联系的两个方面：一方面，恩格斯奋斗观是马克思主义奋斗观；另一方面，恩格斯奋斗观也在实践中得到丰富和发展。恩格斯奋斗观具有强大生命力。

# 第十五章　列宁奋斗观

列宁是无产阶级革命导师，列宁主义创始人，苏联共产党和苏维埃社会主义共和国联盟的主要缔造者。列宁主义是帝国主义和无产阶级革命时代的马克思主义。列宁奋斗观是列宁主义的重要组成部分。列宁奋斗观是列宁主义的不可缺少的组成部分。

## 第一节　奋斗与人民群众

人民群众是历史的创造者，能够推动社会的发展。列宁在写于 1900 年 11 月初的《我们运动的迫切任务》一文中说道："在历史上，任何一个阶级，如果不推举出自己的善于组织运动和领导运动的政治领袖和先进代表，就不可能取得统治地位。俄国工人阶级已经表明它能够推举出这样的人物，最近五六年来俄国工人所广泛开展的斗争，表明工人阶级中蕴藏着无穷的革命力量。它表明，追求社会主义、追求政治觉醒和政治斗争的工人，不仅没有因为政府的疯狂迫害而减少，而且还增加了。”①

列宁在1917年11月的《答左派社会革命党人的质问》中说道：“群众生气勃勃的创造力正是新的社会生活的基本因素。让工人着手在自己的工厂建立工人监督吧，让他们用工业品来供应农村，换取粮食吧。每一件产品、每一俄磅粮食都应当计算到，因为社会主义首先就是计算。社会主义不是按上面的命令创立的。它和官场中的官僚机械主义根本不能相容；生气勃勃的创造性的社会主义是由人民群众自己创立的。”②

人民群众是历史发展的创造者，是实现社会发展的依靠力量。人民群众不仅关系到历史发展，而且关系到社会发展。

列宁在写于1919年10月11日的《工人国家和征收党员周》一文中说道：“徒有其名的党员，就是白给，我们也不要。世界上只有我们这样的执政党，即革命工人阶级的党，才不追求党员数量的增加，而注意党员质量的提高和清洗‘混进党里来的人’。我们曾不止一次地重新登记党员，以便把这种‘混进党里来的人’驱除出去，只让有觉悟的真正忠于共产主义的人留在党内。我们还用动员人们上前线和参加星期六义务劳动的办法，来清洗党内那些一心想从执政党党员的地位‘捞到’好处而不愿肩负为共产主义忘我工作的重担的人。”

---

① 《列宁选集》第1卷，北京：人民出版社，2012年9月，第286页。

② 《列宁全集》第33卷，北京：人民出版社，2017年，第56—57页。

“目前正当加紧动员人们上前线的时候，举行征收党员周的好处是，不致对那些想混进党里来的人有什么诱惑力。我们只是号召大批普通工人和贫苦农民即劳动农民入党，而不是号召投机农民入党。我们不向这些普通党员许愿，说入党有什么好处，也不给他们什么好处。相反地，现在党员要担负比平常更艰苦更危险的工作。”

“这样更好。入党的将都是一些真心拥护共产主义的人，真正忠于工人国家的人，正直的劳动者，在资本主义下受过压迫的群众的真正代表。”

“只有这样的党员才是我们需要的。”

“我们需要新党员不是为了做广告，而是为了进行严肃的工作。我们号召他们加入党。我们向劳动者敞开党的大门。”

“苏维埃政权是为彻底推翻资本压迫而斗争的劳动者的政权。首先起来进行这种斗争的，是各城市和工业中心的工人阶级。它取得了第一次胜利，夺得了国家政权。”

“工人阶级把大多数农民团结到自己方面来。因为倾向于资本、倾向于资产阶级的，只是经商的农民，投机农民，而不是劳动农民。”

“最开展最觉悟的彼得格勒工人为管理俄国输送了最多的力量。可是我们知道，在普通工人和农民中，忠于劳动群众利益、能够做领导工作的人是很多很多的。在这些人当中，有很多是有组织才能和管理才能的，资本主义不让这些人发展，我们却尽力帮助他们，而且应当帮助他们涌现出来，让他们担负起社会主义建设的工作。发现这些质朴的不知名的新人才是不容易的。吸收那些长期受地主资本家压迫和恐吓的普通工农来参加国家工作是不容易的。”

“但是，我们应该进行而且必须进行这种不容易的工作，以便更深入地从工人阶级和劳动农民中间发掘新人才。”

“非党的工人和劳动农民同志们，加入党吧！我们不向你们许愿，说入党有什么好处，我们号召你们来进行困难的工作，进行建设国家的工作。如果你们真心拥护共产主义，你们就应该大胆地担负起这种工作，不要怕工作生疏和困难，不要被那种陈腐偏见弄得惶惑不安，以为只有受过正规教育的人才能胜任这种工作。这是不对的。能够而且应当有愈来愈多的普通工人和劳动农民来领导社会主义建设的工作。”

“劳动群众拥护我们。我们的力量就在这里。全世界共产主义运动不可战胜的根源就在这里。多吸收群众中新的工作者入党，使他们独立参加建设新生活的工作，这就是我们克服一切困难的手段，这就是我们走向胜利的道路。”①

列宁在写于 1921 年 12 月 30 日至 1922 年 1 月 4 日的《关于工会在新经济政策条件下的作用和任务的提纲草案》一文中说道：“对于一个人数不多的共产党来说，对于一个作为工人阶级的先锋队来领导一个大国在暂时没有得到较先进国家的直接援助的情况下向社会主义过渡的共产党来说，最严重最可怕的

---

① 《列宁选集》第 4 卷，北京：人民出版社，2012 年，第 51—53 页。

危险之一，就是脱离群众，就是先锋队往前跑得太远，没有‘保持排面整齐’，没有同全体劳动大军即同大多数工农群众保持牢固的联系。”①

列宁在写于1922年3月12日的《论战斗唯物主义的意义》一文中说道：“如果共产党员（以及所有成功地开始了大革命的革命家）以为单靠革命家的手就能完成革命事业，那将是他们最大最危险的错误之一。恰恰相反，要使任何一件重大的革命工作得到成功，就必须懂得，革命家只能起真正富有生命力的先进阶级的先锋队的作用，必须善于实现这一点。先锋队只有当它不脱离自己领导的群众并真正引导全体群众前进时，才能完成其先锋队的任务。在各种活动领域中，不同非共产党员结成联盟，就根本谈不上什么有成效的共产主义建设。”②

共产党员和非共产党员应该在辩证唯物主义奋斗观的基础上结成联盟。共产党员和非共产党员在辩证唯物主义奋斗观的基础上结成联盟是绝对必要的。

列宁在1922年3月27日的《俄共（布）中央委员会政治报告》中说道：“在人民群众中，我们毕竟是沧海一粟，只有我们正确地表达人民的想法，我们才能管理。否则共产党就不能率领无产阶级，而无产阶级就不能率领群众，整个机器就要散架。现在人民、全体劳动群众认为，对他们最重要的是切实帮助他们摆脱赤贫和饥饿，使他们能看到情况确有改善，而且符

① 《列宁选集》第4卷，北京：人民出版社，2012年，第626页。

② 《列宁选集》第4卷，北京：人民出版社，2012年，第646页。

合农民的需要和习惯。农民熟悉市场，熟悉商业。我们不能实行直接的共产主义分配。要这样做，我们的工厂和设备都不够。所以我们必须通过商业来供给，而且要做得不比资本家差，否则人民就不能忍受这种管理。问题的全部关键就在这里。”①

## 第二节　奋斗与科学理论

科学理论是在社会实践基础上产生并经过社会实践的检验和证明的理论，是客观事物的本质、规律性的正确反映。科学理论能够推动社会的发展。

列宁在写于 1901 年秋至 1902 年 2 月的《怎么办？（我们运动中的迫切问题）》一书中谈到科学理论的意义时说道：“没有革命的理论，就不会有革命的运动。在醉心于最狭隘的实际活动的偏向同时髦的机会主义说教结合在一起的情况下，必须始终坚持这种思想。而对俄国社会民主党来说，由于存在三种时常被人忘记的情况，理论的意义就显得更为重要了。这三种情况就是：第一，我们的党还刚刚在形成，刚刚在确定自己的面貌，同革命思想中有使运动离开正确道路危险的其他派别进行的清算还远没有结束。相反，正是在最近时期，非社会民主党的革命派别显得活跃起来了（这是阿克雪里罗得早就对‘经

① 《列宁选集》第 4 卷，北京：人民出版社，2012 年，第 695 页。

济派’说过的）。在这种条件下，初看起来似乎并‘不重要的’错误也可能引起极其可悲的后果；只有目光短浅的人，才会以为进行派别争论和严格区别各派色彩，是一种不适时的或者多余的事情。这种或那种‘色彩’的加强，可能决定俄国社会民主党许多许多年的前途。”

“第二，社会民主主义运动就其本质来说是国际性的运动。这不仅意味着我们应当反对民族沙文主义。这还意味着在年轻的国家里开始的运动，只有在运用别国的经验的条件下才能顺利发展。但是，要运用别国的经验，简单了解这种经验或简单抄袭别国最近的决议是不够的。为此必须善于用批判的态度来看待这种经验，并且独立地加以检验。只要想一想现代工人运动已经有了多么巨大的成长和扩展，就会懂得，为了完成这个任务，需要有多么雄厚的理论力量和多么丰富的政治经验（以及革命经验）。”

“第三，俄国社会民主党担负的民族任务是世界上任何一个社会党都不曾有过的。我们在下面还要谈到把全体人民从专制制度压迫下解放出来这个任务所赋予我们的种种政治责任和组织责任。现在我们只想指出一点，就是只有以先进理论为指南的党，才能实现先进战士的作用。”①

科学理论是关于客观事物的本质及其规律性的相对正确认识。科学概念、科学定律、科学原理、公理和学说是科学理论的基本形式。科学理论是经过逻辑论证和实践检验并由一系列概

① 《列宁选集》第1卷，北京：人民出版社，2012年，第311—312页。

念、判断和推理表达出来的知识体系。科学理论具有系统性、逻辑性、真理性、预言性、多元性、还原性等基本特征。科学理论是经历从假说到科学理论的转化过程而建立的。实践是检验科学理论的真理性的标准，也是科学理论产生和发展的源泉和动力。

列宁在写于1902年11月底的《论社会民主主义运动的任务》一文中说道："对于腐蚀群众和挑拨革命者的行为，我们不应当用那种为旧的最有害的错误和新的思想动摇大开方便之门的'纲领'来回答，也不应当用那种使革命者更加脱离群众的策略来回答——脱离群众是我们软弱无力和不能立即进行坚决斗争的主要根源。我们应当用巩固革命者和人民之间的联系来回答，而要建立这样的联系，在今天只有靠发展和巩固社会民主主义工人运动才能做到。只有工人运动才能把真正革命的和先进的阶级发动起来。这个阶级在现代政治制度和社会制度崩溃中没有什么可以失去的，它是这些制度最后的和必然的产物，只有它才是这些制度绝对的和不可调和的敌人。只有依靠革命的马克思主义理论，依靠国际社会民主党的经验，我们才能把我国的革命运动同工人运动结合起来，才能建立不可战胜的社会民主主义运动。我们只有用名副其实的工人政党的名义，才能在不动摇自己的信念的情况下，号召全国一切进步分子都来进行革命工作，号召全体受苦受难的劳动者都来支持社会主义。"①

① 《列宁全集》第7卷，北京：人民出版社，2013年，第40—41页。

列宁在写于 1917 年 9 月底至 10 月的《布尔什维克能保持国家政权吗？》一文中说道："思想一旦掌握群众，就变成力量。正是在目前，布尔什维克即革命无产阶级国际主义的代表，以自己的政策体现了那种在全世界推动广大劳动群众的思想。"

"单是正义，单是群众对剥削愤恨的感情，永远也不会把他们引上通往社会主义的正确道路。但是，当大银行、辛迪加、铁路等物质机构依靠着资本主义而发展起来的时候，当先进国家极其丰富的经验积累了奇妙的技术，而资本主义却妨碍这些技术的运用的时候，当觉悟的工人团结成一个有 25 万党员的党，以便在全体被剥削劳动者支持下有计划地掌握这种机构并使它运转起来的时候——当这些条件已经具备的时候，如果布尔什维克不让别人吓倒而能夺得政权，那么，地球上就没有一种力量能阻挡他们把政权一直保持到全世界社会主义革命的胜利。"①

## 第三节　奋斗与时代

时代是指历史上依据经济、政治、文化等状况来划分的社会各个发展阶段。社会的发展总是受制于时代。时代能够推动社会的发展。

① 《列宁选集》第 3 卷，北京：人民出版社，2012 年，第 321 页。

列宁在写于1902年的《革命冒险主义》一文中说道："我们正经历着一个暴风雨的时代：俄国的历史一日千里地向前发展，现在的一年有时要超过平静时期的几十年。人们在给改革后时代的半个世纪作总结，在为那些将长久决定全国命运的社会政治大厦奠立基石。革命运动以惊人的速度在继续发展，'我国的派别'也在异常迅速地成熟（和凋谢）。凡是在俄国这样迅速发展的资本主义国家的阶级结构中有着扎实基础的派别，几乎一下子就找到了'自己的位置'，探索到了同自己有血缘关系的阶级。"①

列宁在写于1916年8—9月的《论面目全非的马克思主义和"帝国主义经济主义"》一文中说道："帝国主义同资本主义一样，都是我们的'死'敌。这是事实。但是任何一个马克思主义者都不会忘记，资本主义比封建主义进步，而帝国主义又比垄断前的资本主义进步。这就是说，我们应当支持的不是任何一种反对帝国主义的斗争。我们并不支持反动阶级反对帝国主义的斗争，我们并不支持反动阶级反对帝国主义和资本主义的起义。"②

列宁在1918年3月23—28日口授的《〈苏维埃政权的当前任务〉一文初稿》中说道："实际主义和求实精神在革命者中间是一个不大受欢迎的口号，甚至可以说是最不受欢迎的口号。十分明显，当革命者的任务是摧毁资本主义旧社会的时

①《列宁全集》第6卷，北京：人民出版社，2013年，第365页。

②《列宁选集》第2卷，北京：人民出版社，2012年，第770页。

候，他们应当以否定和嘲笑的态度来对待这个口号。因为实际上，这个口号当时是以某种形式来掩饰同资本主义调和的意图，掩饰削弱无产阶级冲击资本主义基础和反对资本主义的革命斗争的意图。十分明显，在无产阶级夺取政权以后，在这个政权得到保障以后，在着手大规模地建设新的即社会主义的社会的基础以后，情况不能不发生根本的变化。正象上面所指出的，即使在目前我们也丝毫没有权利削弱说服人民群众相信我们的主张正确的工作，削弱我们粉碎剥削者反抗的工作。但是我们在执行这两项职能方面的主要工作已经完成了。现在讲求实际和求实精神正是当前的主要口号。由此可见，吸收资产阶级知识分子参加工作是当前一项迫切的和必要的任务。如果把这个任务看成是什么政权的动摇，对社会主义原则的背离或者对资产阶级不可容忍的妥协，那是荒唐可笑的。发表这种意见，就是毫无意义地重复革命无产阶级政党在另一个完全不同的活动时期所讲的话。恰恰相反，正是为了执行我们的革命任务，并且使这些任务不致成为空想或天真的愿望，而能真正变成现实（能迅速得以实现），正是为了这个目的，我们现在应当把组织工作中的讲求实际和求实精神作为当前首要的、最主要的任务。现在的问题就在于从各方面实际地建造一座大厦，这座大厦的图样我们早已绘好，它的地基我们曾经奋力争夺并且已经牢固地夺取到了，大厦所用的材料我们已经备足，现在就应当搭起脚手架，穿上工作服，不要怕各种辅助材料弄脏衣服，严格执行实际工作的领导者的命令，应当把这座大厦建造，建造，再建造。”

“人们有时对于在确定我们的任务方面的上述转变是多么不理解，这也可从不久以前关于工会作用的争论中看出。有这样一种观点（这种观点得到孟什维克的支持，当然他们的目的显然是进行挑拨，也就是想挑唆我们采取只对资产阶级有利的步骤），认为工会为了保持和巩固无产阶级的阶级独立性，就不应当成为国家的组织。这种观点用所谓劳动反对资本和必须保持无产阶级的阶级独立性等冠冕堂皇的、用惯了的、背得烂熟的词句作掩饰。实际上，不论过去和现在，这种观点不是资产阶级的赤裸裸的挑拨，就是根本不了解或盲目地重复昨天的口号，这只要分析一下目前历史时期已经改变的条件就可以明白。昨天，工会的主要任务是反对资本和捍卫无产阶级的阶级独立性。昨天的口号是不信任国家，因为那是资产阶级的国家。今天，国家正在成为并且已经成为无产阶级的国家。工人阶级正在成为并且已经成为国家的统治阶级。工会正在成为并且应当成为国家的组织，它首先担负着根据社会主义原则改造整个经济生活的责任。因此把旧的工会主义的口号用于当前的时代，就是放弃工人阶级的社会主义任务。”

“对合作社也应当这样说。合作社是商店，无论什么变动、改善和改革都改变不了这一点。资本主义时代使社会主义者习惯于这种观点。毫无疑问，当合作社还是资本主义制度这部机器上的一个小零件的时候，这种观点正确地反映了合作社的实质。但是问题也就在于：从无产阶级夺得国家政权的时候起，从无产阶级的国家政权着手有系统地建立社会主义制度的时候起，合作社的地位就起了原则性的根本变化。在这里，量转化为质。合作社作为资本主义社会中的一个小岛，它不过是一个小商店。如果合作社把土地实行了社会化、工厂实行了国有化的整个社会包括在内，那它就是社会主义。当资产阶级在政治上和经济上被剥夺以后，苏维埃政权的任务显然（主要）在于使合作社组织遍及整个社会，使本国的全体公民人人都成为一个全民合作社的社员，或者确切些说，成为全国性合作社的社员。如果我们借口工人合作社的阶级性质而取消这项任务，那我们就是从无产阶级已经取得政权的时代退回到没有取得政权的时代的反动分子。在资本主义存在的情况下，工人阶级在自己的政治活动和经济活动中表现了两种趋向。一种趋向就是在资本主义制度下过舒适的、不愁温饱的生活，这只有无产阶级中的少数上层分子才能做得到。另一种趋向是领导全体被剥削劳动群众用革命去推翻整个资本的统治。很明显，当第二种趋向取得胜利，资本已被推翻并且应当着手建立全民的社会主义的合作社的时候，我们对合作社运动的任务和条件的看法就要根本改变。我们应当同资产阶级的合作社达成协议，就象同无产阶级的合作社达成协议一样。我们用不着害怕。从我们这方面来说，害怕同资产阶级的合作社达成协议，那是可笑的，因为我们现在掌握着统治权。我们需要这样的协议，以便找到切实可行的、方便的、对我们适合的形式，从局部的零散的合作社过渡到统一的全民合作社。我们既然掌握了国家政权，就用不着害怕同资产阶级合作社达成协议，因为这种协议必然使它们服从我们。同时，我们应当了解，我们代表新的无产阶级国家政权，工人阶级已经成为现在在国家中居统治地位的阶级。因此，工人合作社应当领导使单个的合作社转变为统一的全民合作社的运动。工人阶级不应当脱离其他部分居民，而应当领导毫无例外的各部分居民，使他们个个都参加统一的全民合作社。要做到这一点，需要哪些实际的、直接可行的过渡措施，这是另外一个问题。但是应当明确地认识到并且断然决定，现在全部问题就在于这个实际的过渡，无产阶级国家政权应当着手做这项工作，用实际经验检验这一过渡的各种改革措施，并且不惜任何代价实现这个过渡。”①

苏维埃政权夺取政权的时期已经结束后，当前主要的任务是进行社会主义经济基础的建设，因此，必须吸收有知识、有经验的实干家参加建设工作。

列宁在写于 1918 年 4 月的《苏维埃政权的当前任务》一文中说道：“现在成为俄国执政党的布尔什维克党的发展特别明显地表明，我们正在经历什么样的历史转折，这一转折构成目前政治局势的特点，要求苏维埃政权确定新的方针，就是说，以新的方式提出新的任务。”

“任何一个代表着未来的政党的第一个任务，都是说服大多数人民相信其纲领和策略的正确。无论在沙皇制度时代或

① 《列宁全集》第 34 卷，北京：人民出版社，2017 年，第 145—148 页。

在切尔诺夫之流、策列铁里之流同克伦斯基之流、基什金之流妥协的时期，这个任务都曾占据首要地位。现在这个任务当然还远未完成（而且无论何时都不会彻底完成），但是大体上已经解决了，因为在莫斯科举行的最近一次苏维埃代表大会已经无可争辩地证明，俄国大多数工人农民明显地站在布尔什维克方面。”

“我们党的第二个任务，是夺取政权和镇压剥削者的反抗。这个任务也远没有彻底完成。因此对这个任务不能忽视，因为君主派和立宪民主党人以及他们的应声虫和走卒孟什维克与右派社会革命党人，仍然试图联合起来推翻苏维埃政权。可是，镇压剥削者反抗这个任务，在 1917 年 10 月 25 日到（大约）1918 年 2 月或者说到鲍加耶夫斯基投降这个时期中，已经大体上解决了。”

“现在，构成目前时局特点的第三个迫切任务提上了日程，这就是组织对俄国的管理。当然，我们在 1917 年 10 月 25 日的第二天，就已经提出并且着手解决这个任务，可是在过去这段时间里，剥削者还采取公开的内战形式进行反抗，管理的任务不可能成为主要的中心的任务。”

“现在它已经成为这样的任务了。我们布尔什维克党已经说服了俄国。我们已经夺回了俄国——为了穷人，为了劳动者，从富人手里，从剥削者手里夺回了俄国。现在我们应当管理俄国。目前时局的全部特点，全部困难，就是要了解从主要任务是说服人民和用武力镇压剥削者转到主要任务是管理这一过渡的特征。”

“一个社会主义政党能够做到大体上完成夺取政权和镇压剥削者的事业，能够做到直接着手管理任务，这在世界历史上是第一次。我们应该不愧为完成社会主义革命的这个最困难的（也是最能收效的）任务的人。应该考虑到，要有成效地进行管理，除了善于说服，除了善于在内战中取得胜利，还必须善于实际地进行组织工作。这是一项最困难的任务，因为这是要用新的方式去建立千百万人生活的最深刻的经济的基础。这也是一项最能收效的任务，因为只有解决（大体上和基本上解决）这项任务以后，才可以说，俄国不仅成了苏维埃共和国，而且成了社会主义共和国。”①

列宁在 1921 年 4 月 9 日《在俄共（布）莫斯科市和莫斯科省支部书记及支部负责代表会议上关于粮食税的报告》中说道：“必须把全部力量投到经济战线上去，提高劳动生产率，增加产量。不完成这些任务，我们就不可能前进一步。我们对工人是这样说的，对农民也应当这样说。国家向农民征收一定的粮食税，但同时也要求农民在交税之后扩大自己的经济，要使他们知道，国家不再向他们征收任何东西，他们所留下的全部余粮都可用来发展经济。这就是说，对农民的政策的改变是因为农民本身的状况发生了变化。农村已经更加中农化了，要提高生

① 《列宁选集》第 3 卷，北京：人民出版社，2012 年，第 476—477 页。

产力，我们就必须考虑到这种情况。”[①]

列宁在1922年3月27日的《俄共（布）中央委员会政治报告》中说道：“这一年来我们十分明显地证明，我们不会经营。这是基本的教训。如果我们不能在最近一年内证明我们会经营，那苏维埃政权就无法生存下去。而最大的危险就在于，不是所有的人都认识到这一点。如果全体共产党员、负责工作人员都清楚地认识到，我们不会经营，让我们从头学起，那我们就会把事情办好——依我看，这就是主要的根本的结论。但是，他们没有认识到这一点，反而认为谁这样想，谁就是无知的人，没有学过共产主义——也许学一下就会懂得的。不，对不起，问题不在于农民和非党工人没有学过共产主义，而在于需要阐发纲领、号召人民实现这一伟大纲领的时期已经过去了。这种时期已经过去了，现在需要证明，你们在目前的困难情况下有本事实际帮助工人和庄稼汉的经济，让他们看到你们能在竞赛中取胜。”

“我们开始设立的合营公司，既有俄国和外国的私人资本家参加，也有共产党员参加，这种公司是一种可以正常展开竞赛的形式，通过这种形式可以表明并且学会，我们能够不比资本家逊色地建立起同农民经济的结合，能够满足农民的需要，就在农民目前这种十分愚昧的情况下（因为要在短期内使农民改观是不可能的），也能帮助他们前进。”

① 《列宁全集》第41卷，北京：人民出版社，2017年，第148页。

“摆在我们面前的就是这样的竞赛，这是一项刻不容缓的任务。这就是新经济政策的关键，并且我认为也是党的政策的全部实质。我们这里纯政治的问题和困难，要多少有多少。这你们都知道，又有热那亚会议，又有武装干涉危险。困难很大，但是同上述困难比起来，它们全都微不足道。在那方面我们已经看到该怎么办，在那方面我们已经学会很多东西，领教过资产阶级的外交。这套玩意孟什维克已经教了我们 15 年，也教会了我们一些有益的东西。这并不新鲜。”

“然而在经济方面，我们现在必须做的事情是在同普通店员、普通资本家和商人的竞赛中取胜。这些人到农民那里，并不是去争论共产主义（你看，不是去争论共产主义），而是去争论：如果你们需要弄到什么东西，把交易做好，建筑得好，那可以由我来办，价钱虽然贵，可是让共产党人来办也许更贵，甚至贵上 10 倍。这种宣传反映了现在问题的本质，经济的根基也就在这里。”

“我再说一遍，由于我们采取了正确的政策，我们获得了人民的贷款，并且可以延期偿还，如果用新经济政策的用语来说，这叫作期票，但这些期票并没有写明期限，至于什么时候要求兑现，从票面上是看不出的。危险就在这里，这些政治期票和普通商业期票不同的地方也就在这里。这一点我们要特别注意，不要以为在国营托拉斯和合营公司中到处都有负责的优秀共产党员，就可以高枕无忧了——这毫无用处，因为他们不会经营，在这种意义上他们还不如那些经过大工厂大商号训练的普通资本主义店员。这一点我们没有意识到，这里还存在着共产党员的狂妄自大，用了不起的俄罗斯语言来说，就是 комчванство。问题在于负责的共产党员虽然优秀，人人知道他忠诚老实，受过苦役折磨，不怕死，可是他不会做生意，因为他不是生意人，没有学过也不愿学这一行，他不懂得应当从头学起。他是共产党员，是完成了世界上最伟大的革命的革命者，即使没有 40 座金字塔①，也有 40 个欧洲国家怀着摆脱资本主义的希望看着他，然而他应当向那些在粮食行里跑了十来年而懂得这一行的普通店员学习。可是他这个负责的共产党员，忠诚的革命者，不仅不懂得这一行，甚至还不知道自己不懂得这一行。”

“同志们，哪怕我们能改变一下不知道自己不懂行这种状况，那也是一个极大的胜利。这次代表大会闭幕后，我们应该带着这种信念回去：我们不懂这一行，我们要从头学起。我们毕竟还是革命者（虽然很多人说，甚至不是毫无根据地说，我们已经官僚化了），我们能够了解一个简单的道理，对于新的异常困难的事业，应当善于三番五次地从头做起，开始了，碰壁了，从头再来——哪怕反复重做十次，但一定要达到我们的目的，不要摆架子，不要狂妄自大，认为你是共产党员，那是非党店员，也许还是白卫分子，甚至确实是个白卫分子，但他却

① “40 座金字塔”这一典故是由拿破仑一世的一句话演变来的。1798 年 7 月 20 日，拿破仑一世率部远征埃及到达金字塔附近，和埃及精锐的骑兵主力相遇。在投入战斗前，拿破仑一世为鼓舞士气对全军士兵说：“40 个世纪从这些金字塔的顶端看着你们。”意思是以金字塔为象征的 4000 年的历史注视着你们，期待着你们建立新的战功。由这句话变来的 40 座金字塔这一典故则是“举世瞩目”的意思。——引者注

会办经济上非办到不可的事，而你却不会。如果你是负责的共产党员，有成百个官衔和称号，又有共产党和苏维埃的‘勋章’，只要你了解这一点，你就能够达到自己的目的，因为这是可以学会的。”

“一年来我们虽然取得了一些小小的成绩，但毕竟是微不足道的。主要是没有意识到，没有使全体共产党员普遍相信，现在我们俄国最忠诚的负责的共产党员在这方面的本领比任何一个旧店员都差。我再重复一遍，应当从头学起。如果我们意识到这一点，那我们考试就能及格，这是日益逼近的财政危机举行的一场严峻的考试，是俄国和国际的市场举行的一场考试，我们受制于这个市场，同它有割不断的联系。这是一场严峻的考试，因为在这场考试中人家可能在经济上和政治上击败我们。”

“问题就是这样，也只能是这样，因为这是一场重大的竞赛，具有决定性意义的竞赛。我们曾有过各种各样的克服我国政治经济困难的途径和办法。我们可以引为骄傲的是，在此以前我们一直善于根据不同的情况把各种途径和办法配合起来运用，但是，现在我们再也没有办法了。请允许我毫不夸大地告诉你们这一点，从这个意义上说，我们确实是在进行‘最后的斗争’，不是同国际资本主义（同它还要进行许多次‘最后的斗争’），而是同从小农经济中成长起来的、得到小农经济支持的俄国资本主义进行这种斗争。这里在不久的将来就会有斗争，准确时间不能确定。这里将进行‘最后的斗争’，没有任何道路——政治的或其他的道路可以绕行，因为这是同私人资本进行竞赛的考试。或者我们能在这场同私人资本竞赛的考试中及格，或者我们完全失败。通过这次考试所需要的一切，除了本领，我们要什么有什么，既有政治权力，又有各种经济资源和其他资源。就是缺本领。如果我们能从过去一年的经验中吸取这个简单的教训，把它当做我们在整个 1922 年的行动指南，那我们就连这个困难也能战胜，虽然这个困难要比以前的困难大得多，因为这个困难在我们本身。这并不是什么外来的敌人。这个困难在于我们自己不愿意认识我们非接受不可的不愉快的现实，也不愿做我们应该做的不愉快的事情：从头学起。”①

时代能够为社会的发展提供强大的推动力。列宁在写于 1923 年 3 月 2 日的《宁肯少些，但要好些》一文中说道：“现在我们生活的一般特征是这样的：我们摧毁了资本主义工业，曾力求完全摧毁中世纪设施和地主的土地占有制，并在这个基础上培植出小农和极小农，他们由于相信无产阶级革命工作的成果而跟着它走。但是我们靠这种信任一直支持到社会主义革命在比较发达的国家里获得胜利，那是不容易的，因为小农和极小农，特别是在新经济政策的条件下，由于经济的必然性，还停留在极低的劳动生产率水平上。此外，国际环境也把俄国抛回到过去的水平，我国国民劳动生产率，整个说来，现在比战前低得多。西欧资本主义列强半自觉半自发地尽一切可能把

① 《列宁选集》第 4 卷，北京：人民出版社，2012 年，第 666—669 页。

我们抛回到过去的水平，利用俄国国内战争中的各种因素尽量破坏我国经济。当然正是这样结束帝国主义战争在它们看来是最有利的：即使我们推翻不了俄国的革命制度，至少也要使它难于向社会主义发展。——列强大致上就是这样考虑的，而且从它们的角度也不能不这样考虑。结果，它们的任务只完成了一半。它们并没有推翻革命所创立的新制度，但是它们也不让新制度能够立刻大步前进，以证实社会主义者的预言，使他们能够迅速地发展生产力和发挥所有能发展成为社会主义的潜力，并向所有的人直观地清楚地证明：社会主义蕴藏着巨大的力量，人类现在已经转入一个新的、有着光辉灿烂前途的发展阶段。”①

## 第四节　奋斗与人才

1920 年 10 月 2 日，列宁在俄国共产主义青年团第三次代表大会上的讲话——《青年团的任务》中说道：“要善于把旧学校中的坏东西同对我们有益的东西区别开来，要善于从旧学校中挑选出共产主义所必需的东西。”

“旧学校是死读书的学校，它迫使人们学一大堆无用的、累赘的、死的知识，这种知识塞满了青年一代的头脑，把他们变成一个模子倒出来的官吏。但是，如果你们试图从这里得出结

① 《列宁选集》第 4 卷，北京：人民出版社，2012 年，第 794 页。

论说，不掌握人类积累起来的知识就能成为共产主义者，那你们就犯了极大的错误。如果以为不必领会共产主义本身借以产生的全部知识，只要领会共产主义的口号，领会共产主义科学的结论就足够了，那是错误的。共产主义是从人类知识的总和中产生出来的，马克思主义就是这方面的典范。”

“你们读过和听说过：主要由马克思创立的共产主义理论，共产主义科学，即马克思主义学说，已经不仅仅是19世纪一位社会主义者——虽说是天才的社会主义者——的个人著述，而成为全世界千百万无产者的学说；他们已经运用这个学说在同资本主义作斗争。如果你们要问，为什么马克思的学说能够掌握最革命阶级的千百万人的心灵，那你们只能得到一个回答：这是因为马克思依靠了人类在资本主义制度下所获得的全部知识的坚固基础；马克思研究了人类社会发展的规律，认识到资本主义的发展必然导致共产主义，而主要的是他完全依据对资本主义社会所作的最确切、最缜密和最深刻的研究，借助于充分掌握以往的科学所提供的全部知识而证实了这个结论。凡是人类社会所创造的一切，他都有批判地重新加以探讨，任何一点也没有忽略过去。凡是人类思想所建树的一切，他都放在工人运动中检验过，重新加以探讨，加以批判，从而得出了那些被资产阶级狭隘性所限制或被资产阶级偏见束缚住的人所不能得出的结论。”

“例如，当我们谈到无产阶级文化的时候，就必须注意这一点。应当明确地认识到，只有确切地了解人类全部发展过程所创造的文化，只有对这种文化加以改造，才能建设无产阶级的文化，没有这样的认识，我们就不能完成这项任务。无产阶级文化并不是从天上掉下来的，也不是那些自命为无产阶级文化专家的人杜撰出来的。如果硬说是这样，那完全是一派胡言。无产阶级文化应当是人类在资本主义社会、地主社会和官僚社会压迫下创造出来的全部知识合乎规律的发展。条条大道小路一向通往，而且还会通往无产阶级文化，正如马克思改造过的政治经济学向我们指明人类社会必然走到哪一步，指明必然过渡到阶级斗争，过渡到开始无产阶级革命。”

“当我们听到有些青年以及某些维护新教育制度的人常常非难旧学校，说它是死记硬背的学校时，我们就告诉他们，我们应当吸取旧学校中的好东西。我们不应当吸取旧学校的这样一种做法，即用无边无际的、九分无用一分歪曲了的知识来充塞青年的头脑，但是这并不等于说，我们可以只学共产主义的结论，只背共产主义的口号。这样是建立不了共产主义的。只有了解人类创造的一切财富以丰富自己的头脑，才能成为共产主义者。”

“我们不需要死记硬背，但是我们需要用对基本事实的了解来发展和增进每个学习者的思考力，因为不把学到的全部知识融会贯通，共产主义就会变成空中楼阁，就会成为一块空招牌，共产主义者也只会是一些吹牛家。你们不仅应该掌握知识，而且应该用批判的态度来掌握这些知识，不是用一堆无用的垃圾来充塞自己的头脑，而是用对一切事实的了解来丰富自己的头脑，没有这种了解就不可能成为一个现代有学识的人。

如果一个共产主义者不下一番极认真、极艰苦而巨大的功夫，不弄清他必须用批判的态度来对待的事实，便想根据自己学到的共产主义的现成结论来炫耀一番，这样的共产主义者是很可悲的。这种不求甚解的态度是极端有害的。要是知道自己懂得太少，那就要设法使自己懂得多一些，但是如果有人说自己是共产主义者，同时又认为自己根本不需要任何扎实的知识，那他就根本不能成为共产主义者。"①

人们必须取得资本主义遗留下来的全部文化，全部科学、技术、知识和艺术，利用它们来建设社会主义，社会主义建设事业才能不断取得发展。人们只有批判地继承人类历史上优秀的文化遗产，利用资本主义的先进的科学技术和管理方法，才能不断取得发展，才能建设好社会主义。人们只有确切地了解人类历史上的全部发展过程所创造的文化，只有对这种文化加以改造，充分利用人类文化的积极成果，才能建设好无产阶级的文化。

列宁在《宁肯少些，但要好些》一文中说道："在改善我们国家机关的问题上，我认为工农检查院②不应当追求数量和急于

---

① 《列宁选集》第 4 卷，北京：人民出版社，2012 年，第 284—286 页。

② 工农检查院是苏维埃俄国的国家监察机关，1920 年 2 月由国家监察人民委员部改组而成。工农检查院的主要任务是：监督各国家机关和经济管理机关的活动、监督各社会团体、同官僚主义和拖拉作风作斗争、检查苏维埃政府法令和决议的执行情况等。工农检查院在工作中依靠广大的工人、农民和专家中的知识分子。根据列宁的意见，1923 年俄共（布）第十二次代表大会决定成立中央监察委员会–工农检查院这一党和苏维埃的联合监察机构。1934 年工农检查院被撤销，其职权移交给同年成立的苏联人民委员会苏维埃监察委员会。——引者注

求成。直到现在，我们还很少考虑和关心我们国家机关的质量，所以，理所当然应该关心特别认真地提高它的质量，把具有真正现代素质的人才，即同西欧优秀人才相比并不逊色的人才集中到工农检查院里来。当然，对社会主义共和国说来，这个要求是太低了。但是在头五年里，我们脑子里充满了不相信和怀疑。例如，对那些过多地、过于轻率地侈谈什么'无产阶级'文化的人，我们就不禁要抱这种态度，因为在开始的时候，我们能够有真正的资产阶级文化也就够了，在开始的时候，我们能够抛掉资产阶级制度以前的糟糕之极的文化，即官僚或农奴制等等的文化也就不错了。在文化问题上，急躁冒进是最有害的。我们许多年轻的著作家和共产党员应该牢牢记住这一点。"

"因此，在国家机关问题上，根据过去的经验我们现在也应当得出这样的结论：最好慢一些。"

"我们国家机关的情况，即使不令人厌恶，至少也非常可悲，因此我们必须首先认真考虑怎样来克服它的缺点，同时要记住，这些缺点根源于过去，过去的东西虽已被打翻，但还没有被消灭，没有退到早已成为陈迹的旧文化的阶段去。我在这里提出的正是文化问题，因为在这种事情上，只有那些已经深入文化、深入日常生活和成为习惯的东西，才能算做已达到的成就。而在我们这里，可以说，对社会制度中的精华没有仔细考虑，没有充分理解，没有深切感受，只是匆忙地抓过来，没有经过检验，没有经过考验，没有为经验所证实，没有固定下来，如此等等。当然，在革命时代，在五年之内就使我们从沙皇制度转到苏维埃制度这样令人眩晕的发展速度之下，也不能不是这样。”

“应当及时醒悟过来。应当采取的解救办法是对任何冒进和说大话等等一概不相信。应当想一想怎样检查我们每小时都在宣布，每分钟都在实行，尔后又每秒钟都在证明其不扎实、不可靠和未被理解的那些前进步骤。这里最有害的就是急躁。最有害的，就是自以为我们总还懂得一点什么，或者总还有不少人能用来建立真正新的机关，名副其实是社会主义的、苏维埃的机关，如此等等。”

“其实不然，在我们这里，这样的机关，甚至这样的机关人员，是少得可笑的，所以我们必须记住，为了建立这样的机关，不应该舍不得时间，而应该花上许多许多年的时间。”

“我们有哪些人可以用来建立这种机关呢？只有两种人。第一，是一心为社会主义奋斗的工人。这些人受的教育是不够的。他们倒是想给我们建立优秀的机关。但是他们不知道怎么做。他们无法办到。他们直到现在还没有具备建立这种机关所必需的文化修养。而做这件事情所必需的正是文化。在这里，蛮干或突击，机敏或毅力，以及人的任何优秀品质，都是无济于事的。第二，是有知识的、受过教育和训练的人，而我国比起其他各国来这种人少得可笑。”

“在这里也不要忘记，我们往往太喜欢用热心和急于求成等等来弥补（或者以为可以弥补）没有知识这种缺陷。”

“为了革新我们的国家机关，我们一定要给自己提出这样的任务：第一是学习，第二是学习，第三还是学习，然后是检查，使我们学到的东西真正深入血肉，真正地完全地成为生活的组成部分，而不是学而不用，或只会讲些时髦的词句（无庸讳言，这种现象在我们这里是特别常见的）。总之，我们应该提出的不是西欧资产阶级所提出的要求，而是向一个以发展成社会主义国家为宗旨的国家应该提出的恰如其分的要求。”

“由此得出的结论是：我们应当把作为改善我们机关的工具的工农检查院改造成真正的模范机关。”①

经济文化相对落后的国家在建设社会主义的过程中，不应当追求数量和急于求成，而是应该提高质量，吸引和汇集更多的优秀人才。

列宁在《宁肯少些，但要好些》一文中又说道：“但是我们关心的并不是社会主义最终胜利的这种必然性。我们关心的是我们俄国共产党，我们俄国苏维埃政权为阻止西欧反革命国家扼杀我们所应采取的策略。为了保证我们能存在到反革命的帝国主义的西方同革命的和民族主义的东方，世界上最文明的国家同东方那样落后的但是占人口大多数的国家发生下一次军事冲突的时候，这个大多数必须能赶得上建立文明。我们的文明程度也还够不上直接向社会主义过渡，虽然我们已经具有这样做的政治前提。我们必须坚持这样的策略，或者说，为了自救

① 《列宁选集》第4卷，北京：人民出版社，2012年，第784—786页。

必须采取下面的政策。”

“我们应当努力建成这样一个国家，在这个国家里工人能够保持他们对农民的领导，保持农民对他们的信任，并通过大力节约把自己社会关系中任何浪费现象的任何痕迹铲除干净。”

“我们应当使我们的国家机关厉行节约。我们应当把沙皇俄国及其资本主义官僚机关大量遗留在我们国家机关中的一切浪费现象的痕迹铲除干净。”

“这岂不是会成为农民局限性的天下吗？”

“不会的。只要我们能够保持工人阶级对农民的领导，我们就有可能在我国靠大力节约把任何一点积蓄都保存起来，以发展我们的大机器工业，发展电气化，发展泥炭水力开采业，完成沃尔霍夫水电站工程，如此等等。”

“我们的希望就在这里，而且仅仅在这里。只有这样，我们才能够——打个比喻说——从一匹马上跨到另一匹马上，就是说，从农民的、庄稼汉的、穷苦的马上，从指靠破产的农民国家实行节约的马上，跨到无产阶级所寻求的而且不能不寻求的马上，跨到大机器工业、电气化、沃尔霍夫水电站工程等等的马上。”

“在我的思想上，我就是这样把我们的工作、我们的政策、我们的策略、我们的战略等等的总计划同改组后的工农检查院的任务联系起来的。我们之所以应该对工农检查院特别关心、特别注意，把它的地位提得特别高，使它的领导具有中央委员会的权利等等，在我看来，理由就在这里。”

“这个理由是说，只有彻底清洗我们的机关，尽量削减机关非绝对必要的一切，我们才能够有十分把握地坚持下去。而且我们将能够不是在小农国家的水平上，不是在这种普遍的局限性的水平上坚持下去，而是在不断地前进、向着大机器工业前进的水平上坚持下去。”

“这就是我所向往的工农检查院的崇高任务。这就是我为了工农检查院而打算把一个最有威信的党的上层机关和一个‘普通的’人民委员部合并起来的原因。”①

社会主义最终胜利具有必然性。经济文化相对落后的国家在建设社会主义的过程中，要将国内的事情办好，国内的经济建设是最重要最紧迫的问题。迅速建立社会主义赖以生存和发展的物质基础是苏维埃政权的当务之急。无产阶级在夺取政权以后要把发展生产力作为根本任务。而要完成发展生产力这一艰巨的任务就需要有一个强有力的国家政权作保证。因此，改善国家机关、改组工农检查院、培养更多的优秀人才是极为重要的事情。

## 第五节　小　　结

列宁领导的布尔什维克，在资本主义世界链条较薄弱的俄国首先取得了无产阶级革命的胜利，建立了世界上第一个社会

① 《列宁选集》第4卷，北京：人民出版社，2012年，第796—798页。

主义国家。列宁奋斗观是随着俄国革命和建设实践的发展，在不断总结经验、继承和发展马克思主义奋斗观的基础上逐渐形成的，是列宁用现实的世界去修正公式的世界进行理论创新的结果。研究列宁奋斗观，对于人们科学地把握马克思主义奋斗观具有重要意义，对于人们科学地把握奋斗观的客观规律也具有重要意义。

# 结语　奋斗与文明

奋斗能够为文明夯实基础。奋斗与文明是密切相关的。人的发展就是一个不断奋斗的过程。奋斗是有生命力的。奋斗是能够通达文明的境界的。奋斗对文明能够起到重要的推动作用。奋斗为人的成功能够发挥极其关键的作用。奋斗能够彻底改变人的面貌。奋斗能够对人产生深远的影响。奋斗对文明能够起到决定性作用。奋斗具有丰富的意义。奋斗能够展现人的丰富内涵。奋斗是值得奉献的。

奋斗是会变的。奋斗永远在变。奋斗的时间性往往决定着奋斗的性质。人只有奋斗，才能让自己变得好起来。奋斗就是机会。人只有奋斗，才能见识到可能性。奋斗其实是相当复杂的。奋斗本身是历史生成性的。奋斗本身是历史发展的。奋斗是一个过程。奋斗具有相对性。奋斗必须与时俱进、不断发展。奋斗的真理性的实现是一个过程。奋斗有着现实性的根基。奋斗的历史性是奋斗的根本属性。奋斗具有阶段性。坦承而言，奋斗是可以无限进行下去的。奋斗是人的幸福感的最大的来源。

奋斗的活力是人的生命的根源，也是人的发展的根源。奋斗是有意境的。奋斗是有很高的价值的。奋斗在人类历史上具有极大的价值。奋斗具有可能性。可能性是奋斗所能带给人真正的、最美好的礼物。奋斗能够带给人一个有意义的世界，一个有可能性的世界。奋斗本来就是一个包含着无尽的可能性的世界。人的所有认识活动和实践活动都因为人的奋斗而能得到强有力的推动。奋斗是人的建设性的巨大的原始力量。人是要培养奋斗的能力的。这是崇高的要求，也是永恒的要求。

世界上任何一地的任何一种奋斗都有过自己的原始阶段，因而奋斗是要发展的。奋斗孕育出光辉灿烂的文明。奋斗能够变成文明形态。奋斗不但能够显示古老的文明，而且能够显示现代的文明。奋斗能够显示文明的伟大和魅力。奋斗的力量在文明中能够体现得非常充分。人一直处于奋斗之中是使人快乐的事。奋斗是紧密联系社会实践的发展而发展的。

人能否真正奋斗，关键取决于具有什么样的思维方式。在奋斗中，不管自觉与否，任何人都要受一定的世界观和方法论所支配，并逐渐构成一定的思维方式。这种思维方式一旦形成，对主体的奋斗，就会产生巨大的作用。科学的思维方式，有助于正确奋斗，而不科学的思维方式，则会成为正确奋斗的障碍。正确奋斗，既是一种精神状态，又是具体的思维方式。

当人们奋斗时，人们才通达奋斗。当人们奋斗时，人们就奋斗了。为了能够奋斗，人们必须学习奋斗。奋斗原本就是在文明中发生的。人类是一直保持着与奋斗的联系的。奋斗是人的现实性的构成要素。奋斗乃是文明之源泉。只有当人们能够奋斗时，人们才能理解文明是什么。因此之故，人们要追问：什么叫奋斗？奋斗是与文明相关联的。奋斗对文明是起着支配作用的。奋斗乃是真正地支配文明的东西。奋斗时时处处都支配文明。奋斗与文明相关。奋斗是通向文明的。人们奋斗的时代是通向文明的时代。人们决不能把奋斗看作某种微不足道的东西。

人们从奋斗中是能够获得方向的。因此，人的奋斗是有方向的。奋斗是人要试图走上的道路。奋斗是在途中的。奋斗是处于不同的道路间的。人们必须谨慎地注意人们脚下的路程和位置。奋斗是有来源的。奋斗的道路是有来源的。人是要开辟道路的。奋斗是要表达的。奋斗是过渡性的。奋斗是真理性的。奋斗是有可能性的。奋斗是生成中的东西。奋斗是人的能力。奋斗是有道路的。奋斗是能够转变人的。奋斗是有其特殊的品质和边界的。文明是以奋斗为基础的。

奋斗是可能的。奋斗是必需的。人是要走上奋斗的道路的。人要奋斗，就要投入时间和心血。奋斗是有根基的。奋斗的内涵是丰富的。哪里有奋斗，哪里就有文明。文明乃由奋斗而得规定。奋斗对于文明而言是极为重要的。奋斗不仅包括过去的奋斗，也包括当前的奋斗和将来的奋斗。奋斗是有取之不尽的意义的。奋斗是根据与文明的关联而得到思考的。奋斗是能够得到充分的和适恰的理解的，奋斗与文明的关系也是能够得到充分的和适恰的理解的。奋斗对文明是起作用的。奋斗与文明是相关涉的。

文明的意义是通过奋斗获得的。人通过奋斗是能够获得文明的含义的。奋斗对于文明而言是决定性的。奋斗在文明中是能够展现自己的。奋斗在文明中是能够显示自己的。奋斗是有含义的。人们可以从奋斗中汲取意义。为了进入奋斗的领域之中，人们必须投身于文明史。文明是奠基于奋斗的。人们是要搞清楚奋斗与文明之间的关系的。奋斗背后有种种深远的原因。奋斗是构成支撑人们的道路的基础。人在奋斗中是能够达到本质性的东西的。奋斗是能够指引人的。奋斗是有根据的。文明是以奋斗为基础的。

人们是能够领悟到奋斗与文明之间的联系的。人是能够为奋斗做准备的。当人奋斗时，人的奋斗是能够显现出来的。人的奋斗是能够规定文明的。人的奋斗不仅能够规定人的物质生活水平，而且能够规定人的精神生活水平。奋斗是能够引导人的。文明是基于奋斗的能力的。奋斗是寓居于文明之中的。奋斗乃是文明的本质基础。文明隐蔽于奋斗中。奋斗是多义的。奋斗是有根基的。文明本质上是奋斗出来的。奋斗是处于文明的道路的起点的。奋斗是有决定性意义的。文明是从奋斗出发来得到规定的。人是能够踏上奋斗的道路的。

奋斗是能够指引人走上文明的道路的。人们必须去道说和思考奋斗。奋斗乃是一条道路。唯当人们保持在途中，人们才能应合这条道路。为了筑路而在路途中。为了保持在途中，人们向来就必须不断地关注道路。奋斗是本质性的东西。奋斗是能够存在的，奋斗并不是不能够存在的。奋斗是有前提的。奋斗是能够指导人们的。奋斗是有背景的。奋斗是有领域的。奋斗能够给人们提供依据。奋斗是有值得思考的东西的。奋斗其实是能够令人惊奇的。奋斗是一直保持可理解的状态的。

奋斗是现实的东西。奋斗是被引起的。奋斗是起作用的。奋斗是与奋斗的原因相联系的。奋斗是可理解的东西。奋斗是能够对人产生巨大的影响的。奋斗是稀罕的和极其艰难的。奋斗是要进入奋斗的本质之中的。奋斗是有意义的。奋斗能够为人开辟道路。奋斗是开端性的。奋斗是含有文明的意义的。奋斗的含义是与文明相关联的。奋斗是人通常要走的道路。人们对于奋斗是能够有所深思的。对于人来说，奋斗就是一种置放。在置放中奋斗成其本质。奋斗与置放是密切联系在一起的。

奋斗是能够收获文明的。奋斗是能够保持在文明的道路上的。奋斗是通向文明的道路的。奋斗是能够为文明做本质性的准备的。奋斗是必定引发文明的形成的。奋斗是能够指引人的。奋斗是能够从文明角度得到规定的。文明是由奋斗来规定的。奋斗是有条件的。奋斗者与奋斗在不同的位置。奋斗者与奋斗位于不同的地方。奋斗是有所关联的东西的。唯由此而来，人们才能充分地追问什么叫奋斗。奋斗是有决定性的意义的。人们不可以为：人们的奋斗仅仅活动在观念世界里并且把自己的观念世界表达出来就足够了。只有在实践的基础上，人们才能够奋斗。

奋斗只有过渡才是可能的。奋斗是有决定性的东西的。奋斗是有预先规定的。在奋斗中起支配作用的是当前的实践。奋斗是能够进入与文明的关联之中的。人们是能够理解奋斗的。奋斗之本质是要人们思考的。人们是要追问这样一点的：根据奋斗的本质意义，奋斗可能表示什么。文明是处于奋斗中的。文明是在奋斗中间呈现出来的。文明的一切呈现都是基于奋斗的。奋斗是奋斗者之奋斗。奋斗是值得被追问的。奋斗与文明是共属一体的。使两者共属的要素是什么呢？是实践。奋斗和文明是与实践在一起的。

奋斗者是奋斗着的人。奋斗者的意义是取决于奋斗着的人的意义。奋斗能够给人提供一种具有解放作用的指导。奋斗是有领域的。奋斗是可理解的。奋斗是有整体性的。奋斗是处于整体性活动中的。奋斗是处于整体性活动状态之中的。奋斗者在奋斗中达乎显现，奋斗在奋斗者中达乎显现。奋斗者是能够在奋斗中显现的，奋斗是能够在奋斗者中显现的。奋斗者是能够在奋斗的区域里显现的，奋斗是能够在奋斗者的区域里显现的。奋斗者在奋斗中是如其所是地现身的，奋斗在奋斗者中是如其所是地现身的。

唯有奋斗，奋斗者才能得到显露。唯有奋斗者，奋斗才能得到显露。人们在哪里找到奋斗呢？唯在奋斗者的地方。人们在哪里找到奋斗者呢？唯在奋斗的地方。奋斗属于奋斗者，奋斗者属于奋斗。奋斗安居于奋斗者之中，奋斗者安居于奋斗之中。奋斗是有本质的渊源的，奋斗者是有本质的渊源的。奋斗者是显现奋斗的人。奋斗是有决定性的道路的。奋斗是在奋斗者中显现出来的。奋斗与文明是具有共属一体性的。奋斗对于文明而言是至关重要的。文明对于奋斗而言也是至关重要的。

# 参考文献

1.《马克思恩格斯选集》第 1 卷，北京：人民出版社，2012 年。
2.《马克思恩格斯选集》第 2 卷，北京：人民出版社，2012 年。
3.《马克思恩格斯选集》第 3 卷，北京：人民出版社，2012 年。
4.《马克思恩格斯选集》第 4 卷，北京：人民出版社，2012 年。
5.《马克思恩格斯文集》第 1 卷，北京：人民出版社，2009 年。
6.《马克思恩格斯文集》第 8 卷，北京：人民出版社，2009 年。
7.《马克思恩格斯全集》第 1 卷，北京：人民出版社，1995 年。
8.《马克思恩格斯全集》第 2 卷，北京：人民出版社，1957 年。
9.《马克思恩格斯全集》第 31 卷，北京：人民出版社，1998 年。
10.《资本论》第 1 卷，北京：人民出版社，2004 年 。
11.《资本论》第 3 卷，北京：人民出版社，2004 年 。
12.《列宁选集》第 1 卷，北京：人民出版社，2012 年。
13.《列宁选集》第 2 卷，北京：人民出版社，2012 年。
14.《列宁选集》第 3 卷，北京：人民出版社，2012 年。
15.《列宁选集》第 4 卷，北京：人民出版社，2012 年。

16.《列宁全集》第 1 卷，北京：人民出版社，2013 年。

17.《列宁全集》第 6 卷，北京：人民出版社，2013 年。

18.《列宁全集》第 7 卷，北京：人民出版社，2013 年。

19.《列宁全集》第 33 卷，北京：人民出版社，2017 年。

20.《列宁全集》第 34 卷，北京：人民出版社，2017 年。

21.《列宁全集》第 41 卷，北京：人民出版社，2017 年。

22.《列宁全集》第 55 卷，北京：人民出版社，2017 年。

23.《斯大林选集》下卷，北京：人民出版社，1979 年。

24.《毛泽东选集》第 1 卷，北京：人民出版社，1991 年。

25.《毛泽东选集》第 2 卷，北京：人民出版社，1991 年。

26.《毛泽东选集》第 3 卷，北京：人民出版社，1991 年。

27.《论语》。

28.《荀子》。

29.（唐）李商隐：《无题》。

30.（宋）张载：《正蒙》。

31. 广东、广西、湖南、河南辞源修订组，商务印书馆编辑部编：《辞源》（修订本重排版）上册，北京：商务印书馆，2010 年。

32. 鲁迅：《文学精读 · 鲁迅》，杭州：浙江人民出版社，2018 年。

33. 夏征农、陈至立主编：《辞海》第六版　彩图本（3），上海：上海辞书出版社，2009 年。

34. 中国社会科学院语言研究所词典编辑室编：《现代汉语词典》第七版，北京：商务印书馆，2016 年。

35.〔奥〕卡夫卡口述，〔捷〕古斯塔夫 · 雅诺施记述：《卡夫卡谈话录》，赵登荣译，桂林：漓江出版社，2021 年。

36.〔德〕恩斯特·海克尔：《宇宙之谜》，袁志英等译，北京：北京大学出版社，2020 年。

37.〔德〕康拉德·费德勒：《论艺术的本质》，丰卫平译，南京：译林出版社，2017 年。

38.〔德〕鲁道夫·欧肯：《大思想家的人生观》，邵世恒、彭真颖、吴祺译，北京：北京时代华文书局，2018 年。

39.〔德〕海德格尔：《论人的自由之本质——哲学的导论》，赵卫国译，北京：商务印书馆，2021 年。

40.〔丹〕安徒生：《安徒生自传》，胡晓琛、朱雯霏译，北京：作家出版社，2018 年。

41.〔法〕埃德加·莫兰：《整体性思维：人类及其世界》，陈一壮译，北京：中国人民大学出版社，2020 年。

42.〔法〕史怀哲：《敬畏生命：史怀哲自传》，杨巍译，南京：江苏凤凰文艺出版社，2017 年。

43.〔古希腊〕柏拉图：《柏拉图文艺对话集》，朱光潜译；〔德〕爱克曼辑录：《歌德谈话录》，朱光潜译，北京：人民文学出版社，2015 年。

44.〔古希腊〕 亚里士多德：《形而上学》，吴寿彭译，北京：商务印书馆，1959 年。

45.〔美〕富兰克林：《我的奋斗：富兰克林自传》，屈帮亚译，南京：江苏凤凰文艺出版社，2019 年。

46.〔美〕布兰登·R. 布朗：《普朗克传：身份危机与道德困境》，尹晓冬、张烁译，北京：新星出版社，2021 年。

47.〔美〕马丁·塞利格曼:《塞利格曼自传》,庞雁译,杭州:浙江教育出版社,2020 年。

48.〔美〕乔治 J. 施蒂格勒:《施蒂格勒自传:一个自由主义经济学家的自白》,李君伟译,北京:机械工业出版社,2016 年。

49.〔美〕约翰·阿奇博尔德·惠勒、肯尼斯·福特:《约翰·惠勒自传:京子、黑洞和量子泡沫》,王文浩译,长沙:湖南科学技术出版社,2018 年。

50.〔瑞士〕荣格:《荣格自传:回忆、梦、思考》,戴光年译,成都:四川人民出版社,2019 年。

51.〔瑞士〕皮亚杰:《发生认识论原理》,王宪钿等译,胡世襄等校,北京:商务印书馆,1981 年。

52.〔苏联〕尼·奥斯特洛夫斯基:《钢铁是怎样炼成的》,梅益译,北京:人民文学出版社,1995 年。

53.〔英〕查理·卓别林著,〔美〕罗斯·怀尔德·莱恩执笔:《查理·卓别林自传》关明孚译,沈阳:辽宁人民出版社,2018 年。

54.〔英〕杰里米·鲍伯戈:《科学的隐忧》,汪婕舒译,北京:中信出版社,2021 年。

55.〔英〕理查德·道金斯:《科学的价值》,贾拥民译,天津:天津科学技术出版社,2020 年。

56.〔英〕赫胥黎:《进化论与伦理学》(全译本)(附《天演论》),宋启林等译,北京:北京大学出版社,2010 年。

# 后　　记

奋斗是人的生命力的最大的源泉。正因如此，奋斗让人的生命值得体验，不枉此生。人之所以用奋斗的方式度过自己的一生且不愿停下奋斗的脚步，最根本的原因只是，人知道这世上没有比奋斗更为深刻的快乐。奋斗决定人的一生。一个人能够奋斗太好了，这样的人是不可战胜的。这么说，奋斗原是一种恩惠。奋斗给人提供了经受考验的可能性。奋斗向来都只是对真理的一次探索。没有真理的奋斗是不可想象的。真理就是奋斗本身。为了进行奋斗，人们必须理解奋斗的前提。人们必须从置身于奋斗中出发，才能够对奋斗有所把握。对于人们来说，在奋斗中已预设好了的框架是科学的框架。这个框架以两种方式安置人。它既解放人的奋斗，又决定人的奋斗。思索奋斗的框架是由启示提供的。奋斗使人的理性成为一切知识的基础。奋斗提供给人们前提，而这前提给人们所有的理解提供框架。人们奋斗的经验，能够向人们显示出在奋斗中的拯救力量。理解就是拯救力量。显然，在奋斗中存在着奋斗的希望。人是追随奋斗而思考的，也是追随奋斗而希望的。人永远在奋斗的道路之中。人们的道路通过人们对奋斗的思考而得到丰富。总之，对奋斗的思考是非常有价值的。人们是因奋斗而奋斗的，并且是通过对奋斗的领悟而奋斗的，所以对奋斗的领悟就决定了人们的奋斗方式。时代是奋斗者的时代。只有奋斗者，才称得上幸福者。

本书为中国社会科学院哲学研究所创新工程项目成果。本书通过对奋斗是什么、奋斗为什么、奋斗办什么、奋斗史是什么、马克思主义经典作家奋斗观是什么的分析，历史和逻辑地展现奋斗观发端、演变、成熟和发展的理论轨迹，客观公正而又简洁明晰地评价奋斗观所建树的理论业绩。这对于人们理解奋斗观的实质是极为重要的。

高岸起

2022年12月于北京